［改訂2版］

福祉職員キャリアパス対応生涯研修課程テキスト

中堅職員編

は じ め に

　2007（平成19）年8月、「社会福祉事業に従事する者の確保を図るための措置に関する基本的な指針」が見直され、新たな指針（新福祉人材確保指針）が告示されました。同指針では、福祉・介護サービス分野における人材を確保していくためには、給与水準や労働時間などの「労働環境の整備」とあわせて、福祉・介護サービス従事者の資質向上のための「キャリアアップの仕組みの構築」が重要であるとされました。そして、2016（平成28）年3月の社会福祉法の改正では、新福祉人材確保指針の対象者の範囲が社会福祉事業と密接に関連する介護サービス従事者にも拡大されています。

　全国社会福祉協議会では、1998（平成10）年より、高齢者福祉や障害者福祉、児童福祉など福祉の全分野（以下、「福祉」と総称）に共通して求められる能力を開発する研修である福祉職員生涯研修課程の実施・推進を行ってきましたが、上記の指針をふまえて、2008（平成20）年よりキャリアパスに対応した新課程の開発を進めてきました。2013年（平成25）年には、その新課程に沿って標準テキストを作成しました。

　2018（平成30）年には改訂版を出版しましたが、この度新しい福祉の潮流に沿ってさらに改訂を行ったのが本書です。

　2017（平成29）年と2020（令和2）年に社会福祉法が改正され、これまでの相談者の属性ごとの相談支援体制を包括的なものにしていくこと、福祉人材の確保や業務効率化の一層の推進を図ることなどが求められています。福祉職員には福祉分野にとどまらず地域全体を視野に入れた働きが求められてきています。現状の厳しさのみに目を向けることなく、社会やサービスのあり方、自己の将来の姿を描く自律的な姿勢が求められています。

　本書は、福祉職員が自らの歩んできた道を振り返り、また、新たな知識や体験を通して、自らの将来像を描き、職業人生の意味を深め、その価値を高めることをねらいとしています。そのことが自らが働き続けることの力となり、ひいては、福祉人材の確保・定着や利用者サービスの向上につながります。

　この間、社会福祉分野の人材確保を巡る状況は一層厳しさを増しており、介護や障害福祉の分野に加えて、児童福祉分野（保育、社会的養護）においても、処遇改善加算の創設・拡充を図るなどの施策が進められています。そして、それらの加算要件として、職員がキャリアアップできる仕組みを整備することが、施設・事業所に求められています。

　本課程・テキストの内容は、このような情勢への対応に資するものとなっており、重要性は一層増しているといえます。

　本書が、多くの福祉職員に活用され、福祉職員のキャリアパス構築、さらに福祉サービスのよりいっそうの向上に寄与できることを心から願っています。また、本書については、今後もいっそう使いやすいものとしていくため、皆さまのご意見ご要望をお寄せいただきたく存じます。

　2021年6月

社会福祉法人　全国社会福祉協議会
福祉職員キャリアパス対応生涯研修課程運営委員会
委員長　　　田　島　誠　一

福祉職員キャリアパス対応生涯研修課程について

1. 福祉職員キャリアパス対応生涯研修課程とは

福祉職員キャリアパス対応生涯研修課程（以下、本課程）とは、高齢者福祉や障害者福祉、児童福祉など福祉の全分野（以下、「福祉」と総称）に共通して求められる能力を開発するための基礎研修として、全国社会福祉協議会が開発したものであり、以下の目的と特徴があります。

●目的
①福祉職員が、自らのキャリアアップの道筋を描き、それぞれのキャリアパスの段階に応じて共通に求められる能力を段階的・体系的に習得することを支援する。
②各法人、事業所が主体的に職員のキャリアパスを整備し、これに沿った職員育成施策を確立・実施することを支援する。

●特徴
①福祉職員のキャリアパスに応じた資質向上を段階的・体系的に図る。
②あらゆる事業種別・職種を横断した福祉職員全般を対象とする。
③研修内容の標準化を図り、全国共通の基礎的研修とする。
④さまざまな研修実施機関・団体が連携して実施する。

2. 受講対象

本課程は、あらゆる事業種別・職種を横断した福祉職員全般を対象としています。さらに、福祉職員を以下の5階層に区分し、それぞれに対応した研修プログラムを設定しています。

階層	想定する受講対象者	教育・研修内容
初任者コース	●新卒入職後3年以内の職員 ●他業界から福祉職場へ入職後3年以内の職員	●サービス提供者、チームの一員としての基本を習得する。 ●福祉職員としてのキャリアパスの方向を示唆する（無資格者には資格取得を奨励する）。
中堅職員コース	●担当業務の独力遂行が可能なレベルの職員 （入職後概ね3～5年の節目の職員）	●中堅職員としての役割を遂行するための基本を習得する。 ●中堅職員としてのキャリアアップの方向を示唆する。
チームリーダーコース	●近い将来チームリーダー等の役割を担うことが想定される中堅職員 ●現に主任・係長等に就いている職員	●チームリーダー等の役割を遂行するための基本を習得する。 ●チームリーダーとしてのキャリアアップの方向を示唆する。
管理職員コース	●近い将来管理者の役割を担うことが想定される指導的立場の職員 ●現に小規模事業管理者・部門管理者等に就いている職員	●管理者としての役割を遂行するための基本を習得する。 ●管理者としてのキャリアアップの方向を示唆する。
上級管理者コース	●近い将来施設長等運営統括責任者の役割を担うことが想定される職員 ●現に施設長等運営統括責任者に就いている職員	●トップマネジメントとしての役割を遂行するための基本を習得する。 ●統括責任者としてのキャリアアップの方向を示唆する。

3. 内容

　本課程は、基軸科目、基礎科目、啓発科目、重点科目から構成されています。研修プログラムは、自己学習（事前学習）と面接授業を組み合わせて実施します。

科目概念図

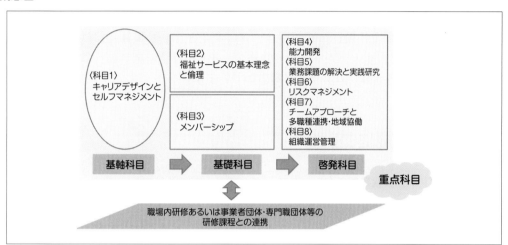

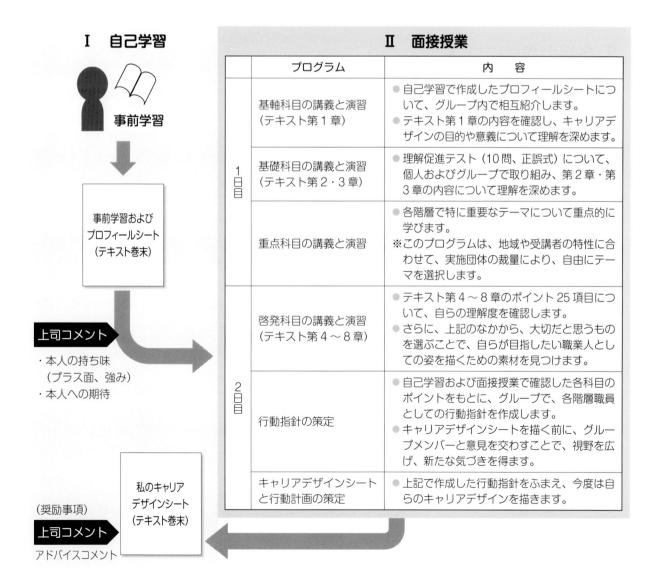

	プログラム	内　容
1日目	基軸科目の講義と演習 （テキスト第1章）	● 自己学習で作成したプロフィールシートについて、グループ内で相互紹介します。 ● テキスト第1章の内容を確認し、キャリアデザインの目的や意義について理解を深めます。
	基礎科目の講義と演習 （テキスト第2・3章）	● 理解促進テスト（10問、正誤式）について、個人およびグループで取り組み、第2章・第3章の内容について理解を深めます。
	重点科目の講義と演習	● 各階層で特に重要なテーマについて重点的に学びます。 ※ このプログラムは、地域や受講者の特性に合わせて、実施団体の裁量により、自由にテーマを選択します。
2日目	啓発科目の講義と演習 （テキスト第4〜8章）	● テキスト第4〜8章のポイント25項目について、自らの理解度を確認します。 ● さらに、上記のなかから、大切だと思うものを選ぶことで、自らが目指したい職業人としての姿を描くための素材を見つけます。
	行動指針の策定	● 自己学習および面接授業で確認した各科目のポイントをもとに、グループで、各階層職員としての行動指針を作成します。 ● キャリアデザインシートを描く前に、グループメンバーと意見を交わすことで、視野を広げ、新たな気づきを得ます。
	キャリアデザインシートと行動計画の策定	● 上記で作成した行動指針をふまえ、今度は自らのキャリアデザインを描きます。

3

本書の構成について

1. 本書について

　本書は、本課程で用いる教材として作成されたものです。

　本課程では、職員の対象範囲を原則として以下のように分類し、それぞれについて研修プログラムを策定しています。

　本書の第1巻『初任者編』は初任者コース、第2巻『中堅職員編』は中堅職員コース、第3巻『チームリーダー編』はチームリーダーコース、第4巻『管理職員編』は管理職員コースおよび上級管理者コースの各研修プログラムに対応しています。

2. 本書の全体構成について

　『初任者編』『中堅職員編』『チームリーダー編』『管理職員編』の章立ては共通であり、読み手の立場・職務階層に則してステップアップするという構造になっています。

　全4巻のうち、1冊を通読するだけでも内容を理解することはできますが、初任者編から順次読み進めていくことで、段階的・体系的に習得することができ、より高い学習効果が期待できます。

3. 各章の構成について

　各巻をそれぞれ8つの章で構成し、第1章を基軸科目、第2章および第3章を基礎科目、第4章から第8章までを啓発科目としています。（下表参照）。

　本課程は、福祉職員が自らのキャリアを自律的にデザインする力（キャリアデザイン力）を確立し高めていくことを主旨としていることから、第1章のキャリアデザインとセルフマネジメントを基軸科目と位置づけています。

　第2章の福祉サービスの基本理念と倫理、第3章メンバーシップは、基礎として押さえておかなければならない内容であり、基礎科目としています。

　第4章から第8章は、第1章〜第3章の内容をふまえたうえで、それぞれの職場において具体的に業務を展開しつつ、本課程を修了した後も、学習・研究を深めていくことが必要と考えられるテーマであり、啓発科目としています。

　第8章まで学んだ後で、また第1章のキャリアデザインに取り組んでみると、新たな課題や目標が見つかるでしょう。

	章	内容
基軸科目	**第1章** キャリアデザインとセルフマネジメント	福祉職員としての自らの役割を確認しながら、各階層で求められるキャリアデザインを検討します。
基礎科目	**第2章** 福祉サービスの基本理念と倫理	社会福祉の基本理念を知り、福祉サービスを提供するうえでの基盤となる価値観、倫理観について学びます。
	第3章 メンバーシップ	メンバーシップにリーダーシップとフォロワーシップがあることを学び、それぞれの立場でのあるべき姿について理解を深めます。

	章	内容
啓発科目	**第4章** 能力開発	職員一人ひとりが努力と研鑽を積み、力量を高めるにはどのようにすればよいか学びます。
	第5章 業務課題の解決と 実践研究	福祉職員が、日々、業務を行ううえで生じる課題について理解を深め、さらにその解決方法のひとつである実践研究の進め方についても学びます。
	第6章 リスクマネジメント	福祉サービスのリスクやリスクマネジメントについて学び、業務の標準化や法令遵守等についても理解を深めます。
	第7章 チームアプローチと 多職種連携・地域協働	福祉サービス業務の基本としてのチームアプローチのあり方、多職種連携・地域協働について学びます。
	第8章 組織運営管理	組織人として働くうえで必要な基本的ルールと知識を身につけ、職務階層に応じ、マネジメントのあり方について学びます。

　なお、本書は全ての節を「見開き2頁読み切り（完結）」で編集し、図表を活用することで理解しやすいように配慮しています。また、各章ごとの扉で、章の「目標」と「構成」を示すとともに、『中堅職員編』『チームリーダー編』『管理職員編』では、各章末に『前巻までのポイント』を掲載しています。

項目	構成・内容
扉	各章における目標や、各章の構成を掲載
本文	各章ともに5つの節で構成。各節は見開き2ページで解説
ティータイム	各章の内容に関連した情報やエッセイ等
前巻までのポイント	前巻までの内容のポイントを見開き2ページで掲載（第2〜4巻のみ掲載）

4. 本書で使用する用語について

　本書では、次の言葉を以下のように定義しています。

●福祉サービス
　生活の支援を必要とする人々に対する専門的サービス
●福祉職員
　福祉サービスを担う人
●法人・事業所
　福祉職員が所属している組織
●キャリア
　生涯を通じた職業人生経路、時間軸で見た職業生活のパターン
●キャリアパス
　法人・事業所が示すキャリアの進路・道筋
　（キャリアアップ支援施策）

福祉職員キャリアパス対応生涯研修課程テキストの全体構造

		初任者編	中堅職員編	チームリーダー編	管理職員編
基軸科目	第1章	キャリアデザインとセルフマネジメント 福祉職員としてのキャリアデザインと自己管理	キャリアデザインとセルフマネジメント 中堅職員としてのキャリアデザインと自己管理	キャリアデザインとセルフマネジメント チームリーダーとしてのキャリアデザインと自己管理	キャリアデザインとセルフマネジメント 管理職員としてのキャリアデザインと環境整備
基礎科目	第2章	福祉サービスの基本理念と倫理 福祉サービスの基本理念・倫理の基礎を理解する	福祉サービスの基本理念と倫理 福祉サービスの基本理念と倫理の理解を深める	福祉サービスの基本理念と倫理 福祉サービスの基本理念・倫理を推進する	福祉サービスの基本理念と倫理 福祉サービスの基本理念・倫理を徹底する
	第3章	メンバーシップ 組織の一員としてのフォロワーシップの醸成	メンバーシップ 中堅職員としてのフォロワーシップの醸成	メンバーシップ チームリーダーとしてのリーダーシップの醸成	メンバーシップ 組織・部門管理者としてのリーダーシップの醸成
啓発科目	第4章	能力開発 初任者としての能力開発	能力開発 中堅職員としての能力開発と後輩職員の指導	能力開発 チームリーダーとしての能力開発とOJTの推進	能力開発 管理職員としての能力開発と人材育成
	第5章	業務課題の解決と実践研究 業務を振り返り、問題解決の必要性を理解する	業務課題の解決と実践研究 現在起きている問題を解決し、後輩職員をリードして取り組む	業務課題の解決と実践研究 チームで問題解決に取り組み、その先頭に立つ	業務課題の解決と実践研究 法人・事業所レベルでの業務の改善、組織の問題解決
	第6章	リスクマネジメント 福祉サービスとリスクマネジメント	リスクマネジメント 利用者の尊厳を守る福祉サービスのリスクマネジメント	リスクマネジメント サービスの質の確保・向上とリスクマネジメント	リスクマネジメント 福祉経営とリスクマネジメント
	第7章	チームアプローチと多職種連携・地域協働 組織のなかでの多職種連携・協働	チームアプローチと多職種連携・地域協働 他組織や地域の専門職との連携・協働	チームアプローチと多職種連携・地域協働 チームアプローチと多職種連携・地域協働の推進	チームアプローチと多職種連携・地域協働 チームアプローチ・多職種連携の管理と地域協働の推進
	第8章	組織運営管理 組織運営管理の基礎を知る	組織運営管理 組織運営管理の理解促進と参画	組織運営管理 組織運営管理への参画と協働	組織運営管理 組織運営管理体制の整備と推進

学習を始める前に

■ 中堅職員コースの５つの目標

（１）中堅職員としてのキャリアデザインとセルフマネジメントのあり方を学ぶ。
（２）福祉サービスの倫理と基本理念の理解を深め、実践での手法を習得する。
（３）チームケアの一員としてメンバーシップやチームワークのあり方を再確認する。
（４）中堅職員としてキャリアアップの啓発課題を学び、方向性を明確にする。
（５）中堅職員としての役割と行動指針を確認し、挑戦目標を設定する。

■ 社会人として学ぶことの意義－４つの輪

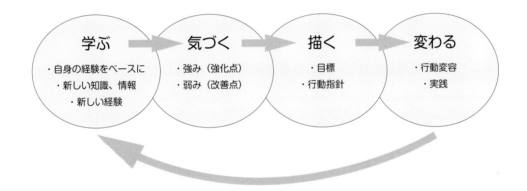

■ 参加型研修の３つの約束

1. 進んで発言する
   －自身の考え方や意思をまとめ、適切に表現し理解してもらう
   －相手の理解、納得、共感が影響力の源泉である
2. 人の話によく耳を傾ける
   －主張と傾聴のバランスがとれていなければならない
   －他者の話にどれだけ耳を傾けられるかは、対人関係の基本スキル
3. 時間を意識する
   －職業人は時間を意識する必要がある
   －時限のなかでより高い成果を目指さなければならない
   　（仕事には期限があり、目標は常に時限的である）
   －時間は有限である。適切な対応力、実行力が求められる

目　　次

キャリアデザインと
セルフマネジメント

第1章

中堅職員としての
キャリアデザインと自己管理

目 標

- ◉中堅職員は、福祉サービスの中心的担い手である。担当する仕事に関する自信がつき、チームのなかで上司や他のメンバーと良好な関係を形成し、関連する他チームや他部門・他機能との連携を図りながら、日々の仕事に取り組んでいるものと思う。
- ◉半面、一定期間同じ仕事を担当し、仕事の標準的な進め方に習熟し職場に「順応」してくると、マンネリや中だるみに陥ってしまうことも少なくない。中堅職員のキャリアで課題となるネガティブな側面である。
- ◉経験のなかで培ってきた自信や関係性を基礎に、次のキャリアステージを目指し啓発努力が求められる。
- ◉第1章のねらいは、中堅職員としての役割とキャリアを確認しながら、このステージで求められるキャリアデザインと自己管理のあり方を検討することである。

構 成

1. 中堅職員の役割とキャリアを考える
2. キャリアステージの節目で考えること
3. 中堅職員としてのキャリアデザインを検討する
4. 心身の自己管理手法を身につけ、後輩職員を支援する
5. 仕事と生活のバランスに配慮する

☕ ＊ティータイム＊ ……………………………………………… タイム・マネジメント

1 中堅職員の役割とキャリアを考える

1 経験のなかで培ってきた実践能力を振り返る

　福祉サービスの仕事について3年から5年、あるいはさらに経験を積み、法人・事業所のなかで中核的人材として活躍しているのが中堅職員である。自身の役割やキャリアについて、いまどのように受け止めているだろう。キャリアとは、「生涯を通じた職業人生経路」「時間軸で見た職業生活のパターン」を意味する言葉である。中堅職員という節目で、「過去－現在－未来」の時間軸で自身のキャリアを考え、これからの進路・道筋を描いてみることが大切である。

◉**自己イメージを明確にする**：一定の専門資格等をもってこの仕事に入職した新卒者にとっては、自身の専門性に深さや幅をもたせることができただろうし、福祉サービスの仕事に初めて関わった新卒者や転職者にとっては、模索や葛藤、試行錯誤を重ねながらも、福祉サービスの担い手に求められる理念や倫理を押さえ、必要な知識やスキルを体得し、それぞれが担う仕事で一定の成果を上げてきたものと思う。

　自身の志や自己期待（自身の思い）はどの程度実現しただろうか。福祉サービスの仕事に意義を感じ、使命感や誇り、熱意をもってこの仕事に集中してきただろうか。組織や関係者、そして利用者の期待（他者期待）にどれだけ応えることができただろうか。満足できる部分もあれば、不十分だと認識せざるを得ない部分もあるかもしれない。

　大切なことは、これまで担当してきた仕事での取り組みやその成果に率直に目を向け、現在の自己イメージを明確にしながら、これからを展望してみることである。

◉**実践能力の高い人**：仕事での取り組みやその成果、そして自身の働きがいや達成感は、実践能力と深く関わるものである。「実践能力（コンピテンシー）の高い人」には、次のような特徴があるといわれている。現在、そしてこれからの自身のキャリアを考える指針として受け止めてほしい視点である。

■目指すべき方向や目標を明確にイメージし、そこに至るシナリオがある。
■その目標やシナリオを実現するための技術的能力や対人関係能力をもっている。
■高い意欲をもち、行動として実践している。

2 2つの管理サイクルを自律的に実践する

　中堅職員のキャリアステージで期待されることは、名実ともに中堅としての役割行動を実践することである。担当する仕事を自律的に遂行し、チームケアの中心的担い手としてサービスの質の向上や効率性の確保に貢献すること、さらに後輩職員の指導を行うことである。

◉**2つの管理サイクル**：組織やチームのなかでの仕事を振り返ってみると、**図表1－1**に示したような2つの管理サイクルを実践していることに気づくだろう。1つのサイクルは、「SDCAの管理サイクル」であり、もう1つは「PDCAの管理サイクル」である。中堅職員には、この2つの管理サイクルを自律的に実践することが期待される。

◉**SDCAの管理サイクル**：日常的なルーティン業務を確実に、効果的・効率的に遂行していくた

めのサイクルである。仕事には、組織やチームのなかで培われてきた標準的な進め方（業務標準）がある。業務標準とは、「誰がやっても、いつやっても、決まった時間で、一定の満足な成果が得られるための仕組み」である。初任者のステージでは、この業務標準を理解し、見習い、指示・指導を受けながら遂行することでよかったが、中堅職員のステージでは自律的に遂行することが求められる。

●**PDCAの管理サイクル**：改善や改革のサイクルであり、サービスや仕事をさらによりよくするための活動である。目標は未来を築き、一人ひとりの自己成長を促進するものである。中堅職員には、組織の方針や目標に準拠しながら、自律的に自己目標を設定し、積極的に改善や改革に取り組んでいくことが期待される。

3 自己期待と他者期待の融合を目指す

　福祉サービスは「生活の支援を必要とする人々に対する」「専門的サービス」であり、担い手には自己の専門性を高めていくことが期待される。同時に、福祉サービスはチームワークや連携を通じて提供されるものであり、チームの一員としての役割を自覚し、他の職種や関係者との連携を密にしながら、メンバーシップやリーダーシップを発揮していかなければならない。

　中堅職員には、組織の目指す方針や目標を理解し、上司を補佐し、チームメンバーとの良好な関係形成を図りながら、初任者や後輩職員に対して適切な役割行動モデル（ロールモデル）を示し、指導・支援を行っていくことが期待される。また、他チームや他職種（他機能）との連携をとりながら、利用者が必要とするサービスを確実・適切に提供していくことが求められる。

●**役割行動の実践と次のステージの「準備」**：中堅職員には、こうした役割行動を明確に意識化し、実践していくことが求められる。組織の一員として、次のキャリアステージに向けての「準備」という視点からは、期待される役割行動に関する認識の幅を広げ、自身の役割とキャリアを考えていかなければならない。自己期待（自身の思い）と他者期待（求められる役割行動）との融合を目指すことが大切である。

●図表1-1　2つの管理サイクルを自律的に実践する

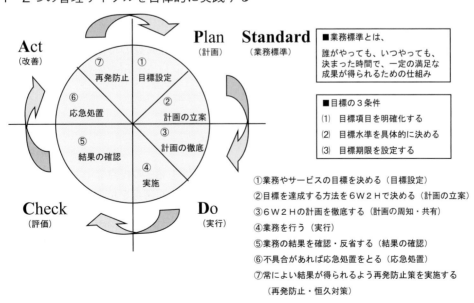

（著者作成）

キャリアステージの節目で考えること

1 成長（学習）曲線に則して考える

　中堅職員のキャリアステージは、長い職業人生経路のなかで見れば一里塚であり、次のキャリアステージへの節目でもある。自身のこれまでの成長過程を振り返り、現在の自己イメージを明確にしながら、これからのキャリアを考えてみることが大切である。

◉**成長曲線に則した位置づけ**：1つは、学習理論や発達心理学の分野で認識されてきた「成長曲線（学習曲線ともいう）」という考え方に則して自身の成長段階を位置づけてみるとよい（**図表1－2参照**）。

◉**模索期・伸長期・高原期・成熟期・限界期**：何かを初めて経験し、学ぼうとする場合、最初に迎えるのが「模索期」の段階である。何を、どのようにしたらよいのかがわからずに模索や葛藤、試行錯誤を続けるという段階である。やるべきこと、学ぶべきことがはっきりし、経験や学習を継続することによってその成果が実感できるようになるのが「伸長期」である。そして、この考え方で重要なのは、「伸長期」の単純な延長線上に「限界期」があるのではなく、成長や学習が鈍化する中だるみの段階としての「高原期」があり、「成熟期」をへて「限界期」を迎えるという指摘である。

　「模索期」は、職業人生でいえば初任者に見られる特徴であるが、一定の経験をへた中堅職員以上のキャリアステージにおいても何か新しい取り組みや学習を始めようとする際に生じることがある。仮に「模索期」が延々と続くと、自己成長のないままに時間を無為に過ごすことになってしまい、職業人としての達成感や充実感を経験することができず、葛藤が続き、諦めや離脱につながってしまう。「模索期」は、指導・支援（上司や先輩職員のティーチング）を受けながら早期に脱皮し、次の「伸長期」を経験しなければならない。初任者や後輩職員に対する指導・支援においても大切な視点である。

　「高原期」は、中だるみの段階であり「限界期」ではない。中堅職員が陥りがちな段階である。「高原期」で成長や学習が停滞してしまったのでは、自己成長の可能性の芽を摘んでしまうことになる。「成熟期」を目指して新たな課題や目標を設定し（上司や先輩職員のコーチングを受けながら）、内的動機を高めていかなければならない。

2 トランジション・サイクル・モデルで考える

◉**トランジション・サイクル・モデルに則した位置づけ**：第2の視点としてキャリアに関する「トランジション・サイクル・モデル」という考え方に則して自身を位置づけてみるとよい。トランジションとは節目を意味する言葉であるが、この考え方は、職業人生にはいくつかのキャリアステージがあり、それぞれのステージにおいて4つの段階があると指摘している。①新しいステージに入るための「準備」段階、②実際にそのステージでさまざまな出来事を経験する「遭遇」段階、③経験を積みながらそのステージに徐々に「順応」する段階、そして④「安定化」の段階、である（**図表1－3参照**）。

　自身の経験を振り返ってみよう。福祉サービスの仕事についての「準備」がどれだけできていた

か、その準備の度合いによって、実際の職場でのさまざまな出来事への「遭遇」の意味合いが異なっていたのではないだろうか。「遭遇」には、ポジティブなもの（うれしかったこと）もあれば、ネガティブなもの（つらかったこと、苦しかったこと）もある。さまざまな「遭遇」の経験を積み重ねながら、いま仕事や職場に「順応」し、「安定化」の段階を迎えている人が多いのではないだろうか。

3 次のステージを展望し、「準備」を整える

　中堅職員としていまの仕事で達成感や充実感があれば、自身としては満足であるし、利用者との関係や組織・チームのなかでの他者期待にも応えていることになる。だが、現在の到達レベルが成長（学習）曲線の「高原期」であれば、「成熟期」を目指した取り組みが必要になるし、中堅職員としてトランジション・サイクル・モデルの「順応」「安定化」の段階にあるとすれば、次のキャリアステージへの「準備」が必要になる。その自覚が大切である。

　一方、まだ「順応」「安定化」の段階ではないと受け止めざるを得ない現実があり、仕事での倦怠感やマンネリ感があるとすれば、現状打破の取り組みが必要になる。さまざまな出来事への「遭遇」をポジティブな経験としながら、自信と関係性を培い、「順応」「安定化」の段階を目指すことが望まれる。

◎**次のステージへの「準備」の意思形成**：中堅職員としてのキャリアステージは、自身のこれからの進路・道筋を考える重要な節目である。専門性を生かし、エキスパート（専任職）やスペシャリスト（専門職）の道を選択するのか、組織やチームのなかでチームリーダーや指導的職員、管理職への道を選択するのかの意思形成と基礎づくりが求められる。専門資格の取得やその活用、実践能力の開発についてもしっかりした意思の醸成が必要になってくる。

●図表1−2　成長（学習）曲線に則したキャリアデザイン

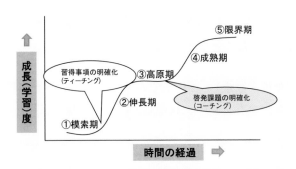

1. 模索期の短縮　2. 高原期と限界期の見極め　3. 高原期の方向づけ

（著者作成）

●図表1−3　キャリアステージの節目にある4つの段階−トランジション・サイクル・モデルの考え方

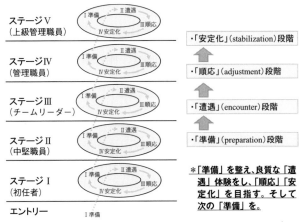

（N.ニコルソンのモデルを参考に著者作成）

中堅職員としての
キャリアデザインを検討する

1 中堅職員としてのキャリアデザインを考える

　キャリアデザインは、自身のキャリアを振り返りながら自己イメージを明確にし、これからのキャリアの進路・道筋を描くことである。1年後、2年後、そして5年後、10年後を見据えて、いまどのような職業人生経路をイメージできるだろうか。それぞれの現状をふまえて、この機会にこれからのキャリアを考えてみてほしい。

◉**自己期待、他者期待**：これからのキャリアとして、自身の専門性をさらに拡充し、専門職として活動するというイメージで描く人もいれば、組織やチームの一員としてフォロアーシップやリーダーシップを開発し、チームリーダーや管理職として活動するというイメージで描く人もいるだろう。あらためて自己期待（自身の思い）や他者期待（求められる役割行動）に目を向け、検討する必要がある（**図表1−4**および巻末の「私のキャリアデザインシート」参照）。

2 4つの問いで自己イメージを明確にする

　まず、最初に次の4つの問いに答えてみよう。自己期待の意識化である。

◉**できることは何か（持ち味・能力）**：これまでのキャリアのなかで経験し、学び、培ってきたもの、自身の性格やパーソナリティ、周囲の人からフィードバックされるポジティブな部分や強み・持ち味をリストアップすることである。

◉**やりたいことは何か（動機・欲求）**：これまでのキャリアのなかで感じてきたこと、利用者やその家族に対して、組織やチームケアの一員として、そして自身に対して、「こんなことをしてみたい」「実現できればうれしいだろう」「喜んでもらえるだろう」と思われる項目をリストアップすることである。

◉**意味を感ずることは何か（志・価値観）**：これまでのキャリアを振り返り、そしてこれからこの仕事を継続していくにあたって、「仕事で達成したいこと」「時間とエネルギーを十分かけてもよいと思うこと」「人に役立つだろうと思うこと」などをリストアップすることである。

◉**どのような関係をつくり、生かしたいか（関係性）**：他者との関係や関わり方についての問いである。所属するチームの上司・先輩職員・同僚、他のチーム・他部門、利用者やその家族、地域の関係機関や他組織、そして、身近な友人等、関係する人々や機関は多様であるが、これから特に関係を深め、生かしたいと思うことをリストアップすることである。

　次に、「私のキャリアメッセージ」（いまの気持ち、これからの私）について作文を書いてみる。人生（ここでは職業人生）は、自作自演の物語であるともいえる。自身が主役であり、自身が創作していくものである。中堅職員のキャリアメッセージとしては、福祉サービス実践のなかで遭遇してきた印象的な出来事や、すでに記述した4つの問いに関連することが題材になるかもしれない。「いま、ここでの気持ち」を率直に表現することによって、さらに自己イメージを意識化すること

ができるはずであるし、未来への意思が明確になってくる。

3 キャリアビジョンを描き、アクションプランを策定する

　自身のキャリアビジョンを描いてみよう。キャリアビジョンは、5年後、10年後、さらに中長期の視点で自身の職業人生経路の到達イメージを描くことである。自己イメージを明確にするための「4つの問い」を前提に、次の4つの項目についてこれから取り組みたいことをリストアップしてみよう。福祉サービスの中心的な担い手として求められる他者期待との融合の視点をもちながら検討することが大切である。

■ 利用者やその家族との関わりについて
■ 組織やチームの一員として
■ 地域や関係機関との関わりについて
■ 自身の能力開発や資格取得について

● **当面の重点目標とアクションプラン**：上記4項目のビジョンを前提に、1年から3年をめどに重点目標を2〜3項目設定し、具体的なアクションプラン（実現のためのシナリオ）を策定する。それぞれの目標には到達ゴール（水準と期限）を設定する必要がある。目標は、挑戦的で、しかも達成可能なレベルで設定することが大切であるし、なによりも自身が納得できるものであることが重要である。

　目標は、公開することによって、組織の上司や関係者から支援を受けることが可能になる。積極的に開示し、指導・支援を受けたいものである。

● 図表1−4　キャリアデザイン4つの問い（他者期待の認知を前提として）

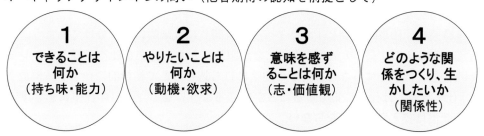

（E.H. シャイン、M. アーサーの考え方を参考に著者作成）

※福祉職員キャリアパス対応生涯研修課程受講にあたっては「事前学習およびプロフィールシート」（巻末参照）を作成してくることが条件となります。この節は「Ⅱ 自己のプロフィールシート」を記入するにあたっての具体的な指標を示しています。

心身の自己管理手法を身につけ、後輩職員を支援する

1 心身の自己管理を徹底する

　中堅職員は自律的に職務を遂行することが求められる立場にある。また、非定型的な仕事が多くなり、突発するさまざまな事態にも適切に対応していくことが求められる。福祉サービスにおいては、まったなしの対応を迫られることも少なくない。心身ともに健康な状態を維持するための自己管理が必要である。

●**心身の自己管理を**：仕事は楽なことばかりではない。疲労が蓄積されることもあるだろう。仕事にとりかかる際、「よし、やるぞ！」と気持ちを切り替えることが大切である。気持ちの切り替えができず、いやいや始めた仕事でよいサービスやよい仕事、よい経験をすることは少ない。仕事と私生活とを切り分ける工夫が期待される。身だしなみを整え、やるべき仕事をリストアップし、1日のスケジュールイメージをもつことが自己管理の第一歩である。

●**ストレスへの対処**：自身の傾向や性格特徴に目を向けてみることも大切である。「どのような状況でストレスを感じやすいのか」を知ることで、冷静に対処する手段や方法を考えることができるようになる。それを実践し、効果を確かめることで、ストレス耐性を身につけていくことができる。

　時には、同じ職場の仲間と、イライラの要因を共有し、互いに話し合い、対処方法を考えるのもよい。ストレスを発散することで気持ちの浄化（カタルシス）ができ、ものごとをポジティブに発想できるようになる。
　1日24時間を「仕事時間」と「プライベート時間」に意識的に切り分けてみよう。自宅でリラックスするのであれば、「リラックス時間」を意図的にとり、音楽を聴く、好きなテレビや映画を見る、本を読む、散歩をするなど、何かの趣味に打ち込むことで精神的に仕事から解放されることになり、「仕事時間」は仕事に集中することができるようになる。翌日の仕事に影響するような過度な運動や飲酒は控えなければならない。

2 プラス思考で自己管理を実践する

　プラス思考というのは、何事も前向きに捉え、言葉や行動で表現することである。
　例えば、
　「水が半分しかない」→「水が半分もある」
　「この仕事をやらされて大変だ」→「この仕事は、大変だけどやりがいがある」
といった具合に、現象や状況に対して、ポジティブに考え、言葉を発し、行動を起こすことができる考え方の特性である。

●**プラス思考と自己効力感**：こうしたプラス思考の根底には、自己効力感が関係しているといわれている。自己効力感は、「自己の能力に対する、主観的評価」であり、新たな仕事や役割に対して、積極的に「やります」と手をあげる原動力となる。自分のやり遂げる力を信じることができるからこそ、新たな取り組みにも自ら積極的に関与してできるようになる。

　自己効力感の低い人はプラス思考をすることができないのだろうか。自己効力感は成功体験を積み重ねることで培われるもので、スモールステップで目標を設定し、実践し、達成感を経験することで高めていくことができる。また、前述の「この仕事をやらされて大変だ」という例でいえば、「この仕事は、大変だけどやりがいがある」と言葉に発する習慣をつけることで、プラス思考を身につけることができる。

3 後輩職員との信頼関係を形成する

　中堅職員に求められる役割のひとつに、後輩職員の指導・支援があげられる。「よき相談相手」であるためには信頼関係（ラポール）の形成が不可欠であり、そのための努力が必要になる。職場の仲間や後輩職員との信頼関係の形成は、自身の心理的健康管理にも結果として大きく影響する。

●**「見る」こと**：図表1－5は、信頼関係（ラポール）形成のための流れを示したものである。まずは、相手に関心をもつことから始まる。関心をもつということは「見る」ということである。関心の目を向け、よく見ていれば後輩職員がさまざまなシグナルを発していることがわかる。「うれしいこと」「つらいこと」「不安なこと」等、後輩職員の態度や表情のなかに表現されている気持ちが見えてくるはずである。そこから問いかけが始まり、関係形成の第一歩が始まる。

●**傾聴と受容**：効果的な質問で相手の話を引き出し、促進させる。気持ちや意思を聞くことが「傾聴」の意味であり、良し悪しを判断するのではなく、相手を無条件に受け止めることが「受容」の姿勢である。傾聴と受容ができれば信頼関係は徐々に醸成されてくるものであるが、さらに、相手の立場で一緒に考え、気持ちや意思を伝え、自分の体験や期待を率直に伝えることで、互いに理解と納得・共感の世界が広がってくることだろう。

　後輩職員の指導・支援にあたっては、自身のこれまでのキャリアや経験を生かして臨むことが大切である。一人ひとりの個性や自主性を尊重する姿勢をもちながらも、後輩職員の成熟度を見極めながら指導・支援を行っていかなければならない。特に、初任者は仕事や職場生活について「模索期」にあることを認識し、適切な指示・指導を行っていくことが大切である。

●図表1－5　後輩職員との信頼関係（ラポール）を形成するために

共感・信頼関係
1．相手の立場で一緒に考え、気持ちや意思を伝える
2．自分の体験や期待を率直に伝える
3．互いに理解と納得・共感が得られる

傾聴・受容
1．言葉だけではなく、気持ちや意思を聴く
2．善し悪しではなく、あるがままに受け止める

関　心
1．相手に対する強い関心、「見る」こと
2．効果的に質問する

（著者作成）

5 仕事と生活のバランスに配慮する

1 ワーク・ライフ・バランスを考える

　ワーク・ライフ・バランスとは、「仕事と生活の調和」を図ることである。職業人は、誰もが組織の一員であると同時に、生活の拠点としての家庭（家族）の一員であり、地域社会の一員である。さまざまなコミュニティとの関わりを豊かに保ちながら、職業人生のキャリアを考えていくことが大切である。

◉**ワーク・ライフ・バランスのための法制度の整備**：社会経済の変化にともない雇用形態は多様化が進み女性の社会参加の機会が増え、勤労世帯の過半数が共働きという時代が到来している。こうした状況のなかで国も「ワーク・ライフ・バランス憲章」をつくり、さまざまな施策推進を行っている（**図表1−6参照**）。ワーク・ライフ・バランスとは、「国民一人ひとりがやりがいや充実感を感じながら働き、仕事上の責任を果たすとともに、家庭や地域生活などにおいても、子育て期、中高年期といった人生の各段階に応じて多様な生き方が選択・実現できる社会」を目指すことであり、仕事と子育てを両立させるための法制度の整備等は、その代表的な施策である。

　福祉サービスの仕事には、その特性から24時間365日の対応が必要とされる仕事や、勤務シフトや夜勤が避けられない仕事もある。また、多くの職員は共働きであり、子育てや親の介護等の事情を抱えている職員も少なくない。不規則勤務や長時間労働にともなう心身の疲労、家族だんらんの時間の減少が生じやすく、働き方の自己選択が難しいことのある職場であることから、特にワーク・ライフ・バランスへの配慮が必要になるといえる。

2 ワーク・ライフ・バランスを実践する

　ワーク・ライフ・バランスの制度や施策が整備されたとしても、個人にその意欲、意思がなければ、実現は難しい。そこで、「仕事」が自分の生活のなかでどのくらいの比率を占めているのかを認識し、バランスが崩れているとすればワーク・ライフ・バランスの実践について、自分は何をすべきか、何ができるのかを考えてみてほしい。

◉**仕事と家庭のバランス**：仕事と家庭をバランスよく両立させることが大切である。子育て中の人、親の介護が必要な人、親と離れて生活をしている人、さまざまな事情があるだろうが、仕事をあきらめ、妥協するのではなく、これまで負ってきた責任を他の人に分担してもらうことが必要である。そのためには、ひとりで全てを背負いがんばるのではなく、身近なところに相談相手を見つけ、どのように分担するかを具体的に決めていこう。「夜勤や残業ができなくなると、責任のある仕事をまかせてもらえない」と決めつけず、できる範囲のなかで、最大限責任を果たしていくことを考えたい。

◉**仕事と地域活動のバランス**：福祉サービスの仕事は地域社会と密接な関係をもっている。仕事の場では「地域福祉」の推進を目指し、生活の場においても「地域」に着目をしてみよう。地域に一歩でかけてみると、町内の自治会活動やボランティア活動など、さまざまな活動に気づくことができる。自分ができること、やりたいことを見つけて関わり始めることで、地域の一員として

の自覚が生まれる。

◉**中堅職員としてワーク・ライフ・バランスを推進する**：職場のメンバーに子育て中の人、親を介護している人はいないだろうか。また、地域活動に積極的に参加している人、趣味のサークルなどで活動している人がいるかもしれない。そうしたメンバーがいれば、ワーク・ライフ・バランスを実践している同僚として支援する風土を率先してつくっていきたい。

組織の一員として、労働基準法等に定める労働時間や年次有給休暇、各種休暇等について健全な権利意識をもち、仕事と生活の調和を図っていくという観点で法令遵守（コンプライアンス）の意識を醸成していくことも必要である。福祉サービスは、女性職員が多い職場であるという特性から、女性職員に対する配慮と支援を積極的に行っていくことも大切なポイントである。

3 自律的に学び、成長する

ワーク・ライフ・バランスとは、仕事と家庭や地域活動との両立のみを取り上げているのではない。仕事と自分の生活を調和させ、豊かな人生を送ることを推進するものである。つまり、短期的に「いま」の時間だけを捉えているのではなく、将来どのような人生を送っていきたいのかにも関連している。

福祉サービスの専門職として、自身の人生に磨きをかけていくことは豊かな人生を送るうえでは重要なことである。法人・事業所内で実施する研修等に参加することはもちろんであるが、自分が興味をもったこと、将来生かせそうなことについては、時間をとり、自分に投資していくという発想をもつことが大切である。

●図表1−6　ワーク・ライフ・バランスの考え方

●仕事と生活の調和が実現した社会とは

「国民一人ひとりがやりがいや充実感を感じながら働き、仕事上の責任を果たすとともに、家庭や地域生活などにおいても、子育て期、中高年期といった人生の各段階に応じて多様な生き方が選択・実現できる社会」

●具体的には

（1）就労による経済的自立が可能な社会
　経済的自立を必要とする者、とりわけ若者がいきいきと働くことができ、かつ、経済的に自立可能な働き方ができ、結婚や子育てに関する希望の実現などに向けて、暮らしの経済的基盤が確保できる。

（2）健康で豊かな生活のための時間が確保できる社会
　働く人々の健康が保持され、家族・友人などとの充実した時間、自己啓発や地域活動への参加のための時間などを持てる豊かな生活ができる。

（3）多様な働き方・生き方が選択できる社会
　性や年齢などにかかわらず、誰もが自らの意欲と能力を持って様々な働き方や生き方に挑戦できる機会が提供されており、子育てや親の介護が必要な時期など個人の置かれた状況に応じて多様で柔軟な働き方が選択でき、しかも公正な処遇が確保されている。

（内閣府　仕事と生活の調和（ワーク・ライフ・バランス）憲章より抜粋）

■ 前巻までのポイント

キャリアデザインとセルフマネジメント

以下の内容は、福祉職員キャリアパス対応生涯研修課程テキスト〔初任者編〕の第1章のポイントを抜粋したものです。

1 福祉サービスの担い手として【初任者編・第1章第1節】

■就労動機や志、福祉サービスの意味づけを確認することで、これからの職業人生の意義や目指す方向が明確になる。

■何を目指し、どこを到達ゴールとして歩んでいくか、法人・事業所におけるキャリアパスを展望しながら、自身の可能性を開発していくことが大切である。

《自身の仕事と福祉サービス実践の意味づけ》

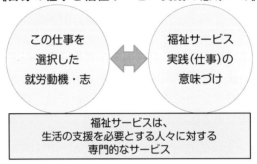

(著者作成)

2 過去・現在・未来の時間軸でキャリアを考える【初任者編・第1章第2節】

■過去を振り返ることで、自己イメージが明確になってくる。未来を描くことによって、いま取り組まなければならない課題が明確になり、現実の苦労や努力の意味づけができるようになる。

《ライフキャリアとワークキャリアの時間幅》

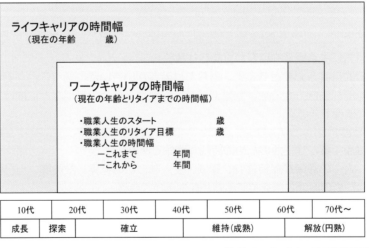

(D.E.スーパーのキャリア発達段階を参考に著者作成)

3 自己期待と他者期待の融合を目指す【初任者編・第1章第3節】

■個人と組織は相互依存の関係にあり、個人は仕事および機会を提供する組織に依存しながらキャ

20

リアを積み、組織は個人の職務遂行能力に依存し、その活動を通じて組織が目指す使命や目的・機能を果たしていく。

■職業人生のキャリアは、自己期待と他者期待の融合を目指すことが大切である。

■自己期待とは、自身の志や思い、ありたい自分のことである。他者期待とは、上司や先輩職員、組織、社会など関係する人々のさまざまな期待のことである。

■他者期待は、福祉サービスの担い手に共通して求められるもの、所属する法人・事業所が求めるもの、担当する仕事に関して求められるもの、という3つの視点を押さえておくことが大切である。

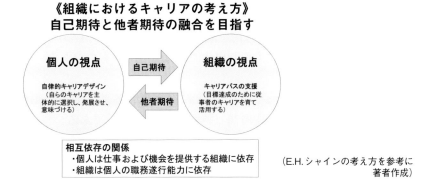

《組織におけるキャリアの考え方》
自己期待と他者期待の融合を目指す

（E.H.シャインの考え方を参考に著者作成）

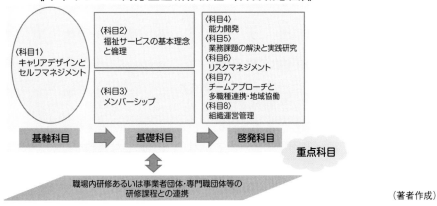

《キャリアパス対応生涯研修課程（科目概念図）》

（著者作成）

4 心身の健康管理の基本【初任者編・第1章第5節】

■休養をとろう
■栄養をとろう

5 ストレスと仕事の効率【初任者編・第1章第5節】

■仕事をしていくうえで、一定程度のストレスは仕事の効率を上げ、人を成長させる原動力になるが、適度な量を超えると、心身の健康状態に影響を及ぼすことになりかねない。

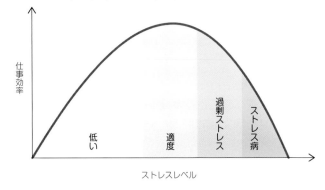

（著者作成）

タイム・マネジメント

　1日24時間、1年365日という時間は万人に与えられた唯一公平なものである。どのような組織や個人も、例外なくこの時間のなかで活動している。もし仮に1万円落としたとしても、翌週1週間、仕事をがんばれば、1万円を取り戻すことは可能である。しかし、過ぎ去った時間だけは、取り戻そうと思っても誰にも取り戻すことはできないものである。

➡　仕事の面では、いくつかの、時間に関する基本的な約束事がある。①就業時間、②スケジュール時間、③期限時間（納期や約束時間）、である。

➡　仕事の成果は、仕事の量と質によって評価されるものであるが、量と質はどちらか一方だけが充足されればよいというものではない。すばらしいスピードで仕事を終えたとしても、質に問題があったのではその仕事は評価されないだろうし、質の高い成果を追い求めたとしても、タイムリーに完了できなければ、誰も喜んではくれないだろう。

➡　タイム・マネジメントをうまく行えることは、職業人生を充実したものにするための基本である。先達者のいくつかの提案を例示しておこう。

[例] 日常生活のロスタイムの発見
　　＊仕事上の会議やミーティングでほとんど発言がない（終了後の愚痴や弁解）
　　＊仕事の準備や行動計画がずさん（次の日の仕事の見通しや計画がない）
　　＊上司の判断を必要とする案件に、ひとりで長時間考えを巡らす
　　＊資料や記録が適切に整備されていない（不必要な資料や記録が多い）
　　＊率直に意見を言わないために、ものごとが進展しない
　　＊集中力が散漫で、仕事が中断してしまう
　　＊むだな談笑時間が長すぎる
　　＊自分なりの手続きが多すぎる
　　＊次の日に仕事を回し、翌日の仕事が煩雑になってしまう

[例] 自分のなかに潜む時間泥棒
　　＊あいまいで、変わりやすい目標
　　＊仕事における計画性の欠如
　　＊時限を決めない仕事の進め方
　　＊やりすぎ、完璧主義
　　＊守備範囲の仕事・責任や権限があいまい
　　＊情報不足、連絡の不徹底（ホウ・レン・ソウの不履行）
　　＊優柔不断、早すぎる決断
　　＊「ノー」と言えない性格

[例] タイム・マネジメントの工夫
　　＊まとまった時間内に、なすべきことを集中してやってしまうという工夫
　　＊まとまらない時間、“切れはしの時間”をうまく活用するという工夫

第2章

福祉サービスの基本理念と倫理

福祉サービスの基本理念と倫理の理解を深める

目　標

●職場の中堅職員として社会福祉制度と法律の基礎に精通し、その理念、規範に基づいて行動できることを目指す。
●初任者の手本となって業務を行い、初任者に社会福祉の仕事について、業務を通してその特徴・課題を説明でき、自ら仕事を通して手本となることができる。
●チームで仕事ができるように、法人・事業所内外の関係者と円滑な関係を築くことができる。

構　成

① 社会福祉と社会福祉法の基本理念を再確認する
② 利用者の尊厳の保持と権利擁護について理解する
③ 福祉サービスの基本構造とニーズ把握の方法を理解する
④ 福祉サービスの特徴と業務を理解する
⑤ 福祉職員の職業倫理を理解する

☕ *ティータイム* …意思表示が困難な利用者への支援は、「見る」こと「記録する」ことから

1

社会福祉と社会福祉法の
基本理念を再確認する

1 福祉サービスの範囲を再確認する

　社会福祉法は社会福祉事業の全分野における共通的基本事項を定めており、利用者の利益保護および地域福祉の推進を図ることをその目的としている。社会福祉法の下で働く福祉職員の仕事は、その理念である利用者の生活の質の向上を目指すとともに地域福祉の向上もその範囲となる。

●**福祉職員の支援領域**：①ミクロ（micro）、②メゾ（mezzo）、③マクロ（macro）の3つの領域に分けて考えることができる。社会福祉サービスは利用者の生活全体に関わる必要がある。利用者の日常生活での困難に応えることがミクロレベルでの支援であり、利用者が住む地域や法人がある地域社会での福祉課題に応えることがメゾレベルの支援である。さらに利用者や地域が抱える課題が法律や制度、社会的な仕組みと関係が深い場合には、行政や広く社会へと関わるマクロレベルでの支援活動が必要である。3つのレベルは、明確に線引きされているものではなく、それぞれ相互関係がある。福祉職員は、利用者への個別支援を主たる仕事としていても、それぞれのレベルでの支援を念頭に仕事をすることが求められる。

●**社会に発信する**：福祉サービスの3つの領域への関わりの程度は携わる業務によって差が生じるが、利用者への支援を考える場合も、福祉職員は利用者だけに集中するのではなく、常に地域のこと（メゾ）、福祉の枠組みとなる法律や制度のこと（マクロ）を念頭に業務を行うことが求められる。個別（ミクロ）の支援を中心としていても、現場での課題を外に向けて情報発信することで、地域（メゾ）支援や政策検討の材料となるなどマクロレベルの支援とも関わることが可能である。

2 社会福祉に関する法律とその動向を再確認する

　社会福祉の法制度は、第2次世界大戦直後に戦争で荒廃した社会の立て直しのために、生活保護法1946（昭和21）年、児童福祉法1947（昭和22）年、身体障害者福祉法1949（昭和24）年の「福祉三法」の整備から始まった。その後、戦後復興と経済成長期に精神薄弱者福祉法（現在の知的障害者福祉法）1960（昭和35）年、老人福祉法1963（昭和38）年、母子福祉法（現在の母子及び父子並びに寡婦福祉法）1964（昭和39）年の3法が加わり福祉六法体制となった。社会福祉基礎構造改革を経て、2000（平成12）年、社会福祉事業法は社会福祉法へと改正され、多くの福祉サービスの利用の仕組みが「措置から契約」へと大きく変更されることとなった。そしてこれを補完するため、苦情解決や権利擁護などの仕組みも構築された。

　一方、少子・高齢化は依然継続し、経済成長の隘路となることが社会問題として認識され、2016（平成28）年6月、「ニッポン一億総活躍プラン」が閣議決定された。このプランは多様な人々がすべて活躍できる社会の構築を目指すもので、その一つの方向として「地域共生社会の実現」が掲げられた。

●**ニッポン一億総活躍プラン（抜粋）**
　4.「介護離職ゼロ」に向けた取組の方向
　（4）地域共生社会の実現

子供・高齢者・障害者など全ての人々が地域、暮らし、生きがいを共に創り、高め合うことができる「地域共生社会」を実現する。このため、支え手側と受け手側に分かれるのではなく、地域のあらゆる住民が役割を持ち、支え合いながら、自分らしく活躍できる地域コミュニティを育成し、福祉などの地域の公的サービスと協働して助け合いながら暮らすことのできる仕組みを構築する。

　これを受け、2017（平成29）5月、「地域包括ケアシステムの強化のための介護保険法等の一部を改正する法律案」が可決された。これにより、社会福祉法が改正され、新たに以下の内容が盛り込まれた。

◉**包括的支援体制等**：地域住民と行政等との「協働」による包括的支援体制作り、福祉分野の共通事項を記載した地域福祉計画の策定の努力義務化が規定された。

◉**共生型サービス**：介護保険法等を改正し、高齢者と障害児者が同一事業所でサービスを受けやすくするため、介護保険と障害福祉制度に新たに「共生型サービス」が位置付けられた。

3　非営利・営利業務の社会的意義と責任を考える

　社会福祉法人、特定非営利活動法人などの非営利法人は、営利を目的としない。利用者や地域の福祉向上や、社会貢献活動が第一の使命であるが、それに加えてサービスを継続して供給する責任を負う。そのためには施設の維持管理、福祉職員の処遇改善などを行い、法人・事業所を維持するための投資も不可欠である。非営利法人であっても、収支の均衡を保てなければ法人・事業所の継続はできない。利用者サービスのためにコストを投じることとあわせて、施設維持や職員の働く環境を整えるための費用も確保することが必要であり、業務効率化や、むだな費用の削減が求められる。

◉**高い倫理性**：福祉サービスは、税金や保険料を財源として提供される極めて公共性の高いサービスである。利用者が障害や病気などを有していることが多く、サービス提供の際に直接身体に触れたり個人の生活に入り込むため福祉職員には高い倫理性が求められる。これは法人・事業所の種別を問わず共通に求められる。営利法人の設立目的は営利にあるが、福祉サービスを提供する法人・事業所は、公共性・倫理性を優先しなければならないことを認識する必要がある。

●図表2－1　ミクロ、メゾ、マクロの仕事の領域

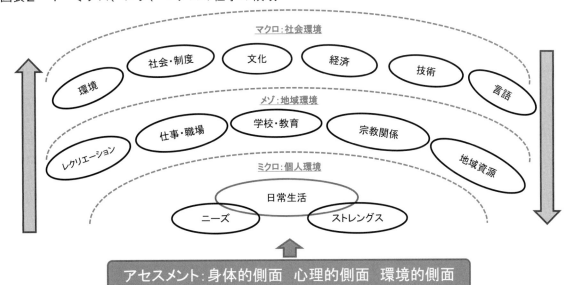

（著者作成）

利用者の尊厳の保持と
権利擁護について理解する

1 利用者の自立と自己決定について理解する

福祉サービスに関わる法律には、利用者の生活を保障し自立と尊厳を守ることが掲げられている。例えば、児童福祉法の第2条においては、「全て国民は、児童が良好な環境において生まれ、かつ、社会のあらゆる分野において、児童の年齢及び発達の程度に応じて、その意見が尊重され、その最善の利益が優先して考慮され、心身ともに健やかに育成されるよう努めなければならない。」とされ、さらに第1条において、「全て児童は、児童の権利に関する条約の精神にのっとり、適切に養育されること、その生活を保障されること、愛され、保護されること、その心身の健やかな成長及び発達並びにその自立が図られることその他の福祉を等しく保障される権利を有する。」とあり、児童の自立、尊厳について規定されている。

◉**利用者の自立と尊厳を守る**：障害者総合支援法においては、第1条の目的規定において「障害者及び障害児が基本的人権を享有する個人としての尊厳にふさわしい日常生活又は社会生活を営むことができるよう、……」とされ、国民が等しく享有している基本的人権が強調されており、障害者、障害児の権利擁護の理念を根底にもちつつ障害者政策を推進することが記述されている。例えば、施設での入浴介助に際して、他の利用者の前で着替えをさせたり、障害を理由として社会活動を制限したりする行為は、利用者の尊厳を損なうものとして認識する必要がある。

◉**利用者が主体的に生きるための支援**：障害や困りごとだけに注目した支援をするのではなく、利用者の生活を考えて支援することが求められている。哀れみや施しではなく、利用者が主体的に生きていくための支援ができているかを福祉職員は確認することが重要である。

2 利用者への情報提供のあり方について考える

福祉サービスにおける利用者とサービス提供者の関係は、商品の買い手と売り手の関係とは異なる。なぜならば、福祉サービスは公定価格で運営されており、売り手は買い手の需要に応じてサービスの価格を自由に設定することができない。また、福祉サービスの売り手つまり供給者と、福祉サービスの買い手である利用者との間には、サービスに関する情報が不均衡であることが多い。情報に格差があることを「情報の非対称性」と呼ぶが、福祉サービスの利用場面においては、情報が少ない利用者が不利となることが多い。

◉**情報の格差を解消する**：例えば高齢者介護であれば、ケアマネジャーが利用者とサービス提供者の間に入って、利用者に介護保険に関する情報を説明することで情報の格差を解消できる。障害者福祉サービスの現場においては、相談支援専門員とサービス管理責任者がその役割を担うが、福祉職員には必要に応じて福祉サービスに関する情報を利用者に提供することが求められる。

3 利用者の権利を侵害しない仕事の進め方について

福祉サービスの現場では、意図せずして利用者の自立や権利を侵害してしまうことがある。例えば、支援が過剰となり、利用者ができることに必要以上に介入してしまうことである。場合にもよ

るが、手伝えば早くできることでも、利用者にできることは時間がかかっても見守ることが支援となる。福祉サービスの目標は利用者の自立であることを意識しておくことが大切である。

◉**利用者の権利やニーズの充足・擁護・代弁**：福祉職員には、利用者のニーズを充足し、利用者の権利を擁護し、弁護することが求められる。また、利用者の立場に立ち、利用者の権利の保障やニーズを代弁する、利用者のエージェント（代理人）としての役割を果たすことも求められる。

◉**成年後見制度**：利用者が知的障害、精神障害、認知症等により判断能力が十分でない場合には、利用者が不利益をこうむらないように家庭裁判所に申し立てをして保護をする成年後見制度がある。この制度は、精神上の障害により判断能力が十分でない人の保護を図りつつ自己決定権を尊重し、利用者の残存能力を活用できるように対応し、障害のある人も家庭や地域で通常の生活を目指すノーマライゼーションの理念のもとに2000（平成12）年から始まった制度である。任意後見と法定後見があり、法定後見はさらに後見・保佐・補助の3つに分かれる。任意後見は本人の判断能力が衰える前にあらかじめ本人の意見で任意に後見人を選任する制度で、法定後見は判断能力が不十分な者に対して、家庭裁判所が後見人を定める制度である。

◉**日常生活自立支援事業**：都道府県または指定都市社会福祉協議会や市区町村社会福祉協議会が窓口となり、利用者との契約に基づいて、福祉サービスの利用援助や日常的な金銭等の管理の支援を行う。

●図表2−2　情報の非対称性

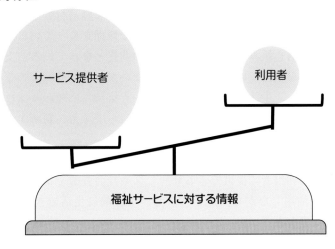

（著者作成）

●図表2−3　成年後見制度の種類

成年後見制度	
法定後見 （後見・保佐・補助）	任意後見
判断能力が 衰えた後に選任	判断能力が 衰える前に選任

（著者作成）

福祉サービスの基本構造と
ニーズ把握の方法を理解する

1 福祉サービスの基本構造を再確認する

　福祉サービスは、利用者が自立した日常生活を営むための支援を目的とする。福祉サービスの実践とは、利用者のニーズに応じた社会資源の提供と、利用者が主体的に社会資源を活用して生活することを支援することである（**図表2−4参照**）。

◉**福祉サービスの実践にあたっては、利用者の人権を念頭に置く**：福祉サービスは利用者の尊厳を守り、希望する生活状態を維持し、利用者が意欲をもって生活できることを基本的な目標とする。これは言い換えれば、支援のための理念でもある。

◉**専門的援助技術の裏づけ**：利用者の人間としての尊厳を保持し、利用者のニーズ、ストレングス（プラス面）に着目した支援を行うことで、利用者を総合的に支援することが可能となる。福祉サービスの基本構造は、「人権の尊重、尊厳の保持を重視する」という基本理念を背景とし、利用者の個別性・主体性を尊重して、専門的援助技術をもって支援することが含まれる。

2 福祉サービス実践の基本的視点を押さえる

　人は健康であることも、病に臥すこともある。合理的な経済行動をする場合もあれば、衝動的な経済行動をすることもある。このように人は、多様な側面をもっているが、いずれも自分自身の意思で判断し、自身の生活を組み立てることが生活の前提となっている。支援を必要とする人々は、さまざまな病気や障害を抱えていることが少なくないが、病気や障害のない人と同様に、自身の生活は自身の意思で判断し、生活を組み立てたいという気持ちに変わりはない。福祉サービスを日常的に利用している利用者であっても、自身の問題を自らで考え、判断する能力を有している。

◉**福祉サービスの実践とは**：利用者に代わって問題を解決することではない。問題を解決するのは利用者本人であり、利用者に提供できるサービスや社会資源を紹介し、利用者本人が主体的にそれらのサービスを活用しながら問題を解決し、主体的に生活できるように支援することが福祉サービス実践の基礎となる。

◉**複数職員による支援**：福祉サービスは在宅においても施設においても、ケアマネジャーや相談員などのコーディネーターをはじめ、さまざまなサービスを提供する福祉職員が関わる。複数の福祉職員が支援に関わることで、利用者を多面的に捉えた総合的な支援が可能となる。

◉**利用者の情報や支援内容を共有する**：複数の福祉職員が関わることで、支援の責任があいまいになったり、支援方針が共有されなかったりといった問題も起こりやすい。つまり、協働のリスクである。支援する職員の知識や技術には経験差、能力差がある。その能力差は支援する側で補い合うことが前提であるが、その前提が崩れると利用者に対して均質なサービスは実現できない。したがって、利用者に関わる複数の専門家は常に利用者の情報や支援内容を共有し、チームにおける自身の役割を認識しながらサービスを提供することを心がけるべきである。

3 中堅職員に求められる福祉サービスの実践的役割

　福祉サービスの実践の場において中堅職員にまず求められることは、個々の利用者への個別支援を適切な水準で行うことである。加えてチームで援助する場合は、利用者が使うサービスの全体を把握し、協働によるサービスの格差が生じないように、それぞれの専門家によって行われるサービスの質を管理することが求められる（**図表2−5**参照）。

◎**計画に応じて適切なサービスが滞りなく提供されているかを確認する**：支援計画と福祉サービスとの間にズレがある場合は、サービス内容と計画の両方を見直し、関係する職員と協働しながら支援内容を軌道修正することが求められる。

◎**サービスの均質性や公平性が維持できているかを確認する**：チームにおいて提供する福祉サービスに職員間で差がある場合は、その職員に対して指導、教育（スーパーバイズ）する機会を設ける。職員に教育などが必要な場合は、職場内の教育制度を活用したり、上司と相談のうえ、メンバーを集めて研修を実施したりすることで、チームが提供する福祉サービスの質の管理に積極的に取り組む必要がある。

◎**利用者が利用している病院、他の施設、機関との連携役を担う**：バラバラに提供されているサービスを利用者の視点で包括的に評価し、利用者が自立した生活ができ、効率的にサービスが利用できているかを確認することが必要である。中堅職員は自身のサービス支援に加え、他のサービスとの調整、管理を担うことが役割である。

●図表2−4　福祉サービスの基本構造

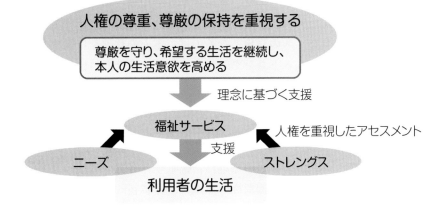

（著者作成）

●図表2−5　中堅職員が福祉サービス実践で果たす役割

中堅職員	組織内サービス管理
	実施管理：計画に則したサービス提供管理
	品質管理：職員教育（スーパーバイズ）、管理者への報告と相談
	包括的なサービス管理と地域との連携
	包括管理：利用者の視点で利用者サービスの確認
	地域連携：利用者に配慮した他の地域資源との連絡調整

（著者作成）

福祉サービスの特徴と
業務を理解する

1 ストレングスモデルの考え方を理解する

　福祉サービスは、利用者の人権、利用者自身の意思決定を優先したサービスである。これまでの福祉サービスでは、身体にまひがあり、ひとり暮らしのため「食事ができない」「入浴ができない」といったマイナス面に着目し、そのマイナス部分の解消に支援の重点が置かれる傾向があった。しかし、利用者は多様であり、日常生活を送るうえでマイナス面はあっても、プラス面や強みを多くもっている。例えば、本人の自立に向けた強い意思や支援者の存在などはプラス面であり強みである（**図表2－6参照**）。

◉**プラス面・強み（ストレングス）を生かす**：これまで福祉サービスでは、できないことを解消することが優先され、利用者本人の能力や資源が生かされていないという反省から、本人の能力や支援者の存在などの強みを考慮して支援を行うストレングスモデルが生まれた。例えば足に障害がある場合、従来の支援モデルではリハビリを中心として足のまひの解消を優先させ、生活困難な点を克服する支援をした。それに対してストレングスモデルでは、足に障害があり移動が困難な状態であっても、利用者が外出を希望するならば、その状態において外出できるようにまず支援をする。そして生活の質を維持しながら、本人の意欲を喚起してリハビリを行い、さらに生活の質を向上させることを目指す。

◉**家族や地域の協力者**：ストレングスとは、利用者本人や周りの環境におけるプラス面（強み）のことであり、かつ、それを「伸ばす」または「生かす」ことにより、利用者の自立支援につなぐ支援の視点である。ストレングスの対象となるのは、本人の意欲や住環境などの生活環境の他に家族関係、地域の協力者などもストレングスに含まれる。福祉職員には、利用者のできない面だけにとどまらず、利用者のストレングスに着目した支援が求められる。

2 利用者と福祉職員との適切な関係を形成する

　バイステック（Biestek, F. P.）の7つの原則は、福祉サービスの実践の原則としてまとめられたもので、具体的には、①自己決定、②個別性の尊重、③非審判的態度、④共感的理解、⑤誠実な態度、⑥秘密保持、⑦真実性の原則である。

◉**信頼関係を形成するアセスメント**：福祉職員が利用者と接する場合、バイステックはその利用者の個別性を尊重し、利用者のニーズを非審判的な態度で共感的に理解することが原則であるとしている。利用者と、支援者である福祉職員とは別人格であり、支援者は利用者の人格を尊重し、守ることを最優先しなければならない。利用者を受け入れる援助には「傾聴の技術」が応用できる。利用者をアセスメントする際に、利用者の個別性を尊重し、利用者との間に信頼関係（ラポール）を形成しながらアセスメントすることが必要である。

◉**秘密保持のための情報管理・設備の整備**：福祉サービスは利用者のプライバシーに入り込んで支援をすることが多い。そのために福祉サービスの提供で知り得た個人情報をはじめとするさまざまな情報については、施錠できる戸棚を設置するなどして、厳重に管理しなければならない。利

用者が安心して自身の情報を開示することができるように秘密の保持、誠実な態度と設備の整備は不可欠である。

◉**利用者が最適な自己決定をできるよう支援する**：バイステックの7つの原則においては、自己決定は優先順位が高い。福祉職員は利用者が自己決定するのをただ待つのではなく、利用者の自己決定に積極的に関わり、利用者の決定が利用者本人にとって最適なものとなるように援助しなければならない。福祉職員は、利用者のニーズ、ストレングスの実態を確認し、不足する情報を補い、利用者の自己決定を支援することが求められる。

3 利用者を多面的・包括的に受け止める

利用者に対して支援を行う場合には、利用者の状況を把握しておかなければならない。具体的には利用者へのアセスメントを行い心身の状況を把握し、利用者本人の意向を確認しながら支援計画を考えることとなる。その際に考慮しなければならないことが、利用者の多様性である。ストレングスモデルでも述べたように、利用者は支援が必要な部分をもつ一方で、自身の能力・意欲をはじめ、家族資源や経済的資源などさまざまなストレングスを同時に有している。利用者の多様性に着目し、利用者の生活全体を包括的に把握して初めて、自立のための支援が可能となる。

◉**多面的・包括的視点による状況把握**：利用者個人の状況把握から始め、さらに利用者が所属する集団、家族の状況、地域社会の状況などに及んで情報収集することで、利用者の生活を包括的に捉えられる。利用者ニーズを包括的に捉えることで、利用者に必要な適切な支援計画を立てることができる。

◉図表2−6　ケアマネジメントにおけるストレングスの応用

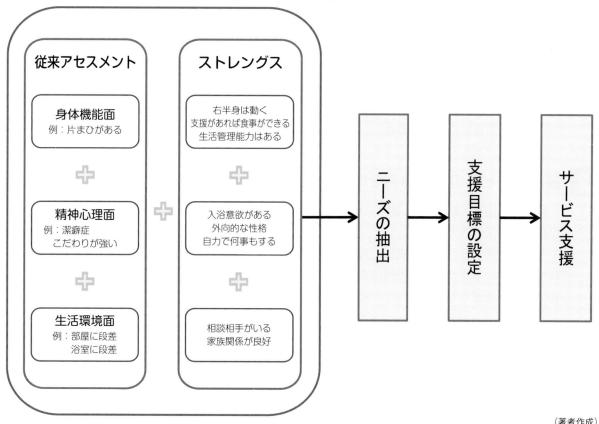

（著者作成）

福祉職員の職業倫理を理解する

1 福祉サービスのミッションを理解し実践する

　職業倫理は特定の職に限らずさまざまな職業において規定されている。福祉サービスでは「社会福祉士及び介護福祉士法」に、①誠実義務、②信用失墜行為の禁止、③秘密保持義務、④連携、⑤資質向上の責務が義務として規定されている。

　誠実義務には「利用者個人の尊厳を保持し、自立した日常生活を営むことができるよう、常にその者の立場に立って、誠実にその業務を行わなければならない。」と書かれている。福祉サービスを提供する場合には、福祉サービス提供者（社会福祉士・介護福祉士）の信用を傷つけるような行為が禁じられており、さらには、職務を通して知り得た利用者の秘密を漏らしてはならないこと、職務の遂行に当たっては福祉サービス関係者との総合的かつ適切な連携が求められている。

　さらに、福祉サービスに従事する者として、社会福祉及び介護を取り巻く環境の変化による業務内容の変化に適応するため、相談援助又は介護等に関する知識及び技能の向上に努めなければならないと規定されている。福祉職員はこうした義務、責務を理解し、利用者への支援を行うための自覚を持たなければならない。

- ◉**利用者の暮らしを守る責務**：社会福祉法では福祉サービスの基本理念として個人の尊厳の保持を旨としている。重度の障害者でも健常者であっても基本は、ひとつのかけがえのない命であり、それを尊び支援することが求められる。法人・事業所、医療機関等が法令を遵守するのは、そこで生活する人々の暮らしと命を守る手段として必要であるからである。つまり法令遵守は当然の義務であると同時に、利用者に適切なサービスを提供する最低基準を保障するために必要な条件でもある。福祉職員は、法令を守ったうえで、法令に則った適切なサービスを提供して利用者の暮らしを守る責務がある。
- ◉**ルール遵守を指導する**：中堅職員は福祉専門職としての倫理を守ることに加えて、他の職員が利用者を支援する際に秘密保持義務の違反や信用失墜行為等をしていないかを確認する立場にある。また、身体に直接触れるため、乱暴行為や性的虐待などが起きないように職場内のルールを守らせ、指導する立場にある。

2 福祉サービスの評価体系を理解する

　社会福祉法第3条では、福祉サービスは良質かつ適切なものでなければならないと規定している。福祉サービス実践の場面において、どのような水準でサービスの提供が行われているかを評価することは、中堅職員の主要な職務である。適切かどうかの判断は、①利用者の意見を反映して提供されているか、②サービスの提供によって利用者の生活全体の質が向上しているか等を、利用者・家族への確認を通じて評価すべきである。

- ◉**福祉サービス評価の4つの視点**：福祉サービスを評価する視点には、①福祉サービスの提供に必要な人員、施設・設備が整っているかを評価する視点（構造評価）、②福祉サービスが計画通りに提供されているかを評価する視点（過程評価）、③福祉サービスによる支援を通して利用者の身体面、精神面、生活環境面が改善されているかを評価する視点（結果評価）、④福祉サービスの利用によって利用者の思いや希望が達成できているかを評価する視点（成果評価）の4つがあ

る。構造評価はストラクチャー評価、過程評価はプロセス評価、結果評価をアウトプット評価、成果評価をアウトカム評価とも呼ぶ。

■ストラクチャー評価は、サービスを提供するための施設設備、備品、人員配置などに不足がないかを確認する。

■プロセス評価は、決められた方法・手順によってサービスが提供されているか、そのサービスの手順や方法にズレがないかを確認し、ズレがある場合は職員と協働で修正を行う。

■アウトプット評価は、利用者が滞りなく生活できているかを評価する。ADL（日常生活動作）やIADL（手段的日常生活動作）がどのように改善したかに加えて、私物の持ち込みの制限、入浴や食事の時間が利用者の意向にそっているかなど、利用者の権利に関わる点も評価に加える。

■アウトカム評価は、利用者が、必要とする支援を受けることで精神的にも身体的にもその人らしい生活ができているかを確認することである。

日々提供されているサービスを、これら4視点で分析し、利用者の生活がどの程度改善され適切な生活が維持できているかを確認する。中堅職員は、問題があれば職場で相談するとともに管理者に報告し、問題点を改善する推進力となる必要がある。

3 福祉サービスの動向に目を向ける

福祉の歴史は、利用者のニーズに合う福祉サービスの開発や工夫の歴史でもある。例えば2000（平成12）年に導入された介護保険制度では、それまで高齢者介護に制度としてなかったケアマネジメントが取り入れられた。サービス提供者の都合ではなく、利用者のニーズに即した総合的なサービス支援を目指している。そしてケアマネジメントにも、利用者の生活困難を支援することに加え、ストレングス視点が取り入れられた。さらに、より包括的な支援の必要性が高齢者介護の現場からあげられ、現在は利用者の生活全体を支援する地域包括ケアシステムが注目されている。

◉**情報を更新し、伝え、反映させる**：福祉サービスは、このように日進月歩で進化しており、中堅職員は福祉サービスの動向、潮流を把握するために自己研修をする必要がある。また法律・制度の改正が適宜行われており、地域における福祉計画も法改正に応じて更新されている。例えば、厚生労働省の社会保障審議会で議論となっている課題については、ホームページなどを確認して知識の更新をすべきである。そして、集めた情報を他の職員に伝えるとともに、自身の職務に反映させることが望まれる。

◉**情報収集先**：社会福祉関係の学会、大学等の教育機関、厚生労働省・県庁等の審議会・委員会などがある。また、地域の事業者連絡会議、技術研究会なども有力な情報収集先である。審議会の傍聴や報告書の収集、職場での研究会の実施などもある。社会保障審議会などは厚生労働省のホームページで公開されており、最新の福祉サービスに関する情報を得ることも可能である。

●図表2－7　福祉サービスの評価体系

量的・数的評価		質的評価	
構造評価 （structure評価）	過程評価 （process評価）	結果評価 （output評価）	成果評価 （outcome評価）
1. 施設・設備 2. 法人組織構成 3. 法人内連携 4. 研修体制 5. 外部機関連携	1. インテーク 2. アセスメント 3. 支援計画 4. 支援とリンキング 5. モニタリング 6. アドボカシー	1. 身体状況改善評価 2. 精神心理改善評価 3. 生活環境改善評価 4. ADL改善 5. IADL改善	1. 満足度評価 2. 生活の質評価 3. 社会参加評価 4. 社会生活評価 5. コミュニケーション評価 6. 人間関係評価
外形的評価		内容評価	

（著者作成）

福祉サービスの基本理念と倫理

以下の内容は、『福祉職員キャリアパス対応生涯研修課程テキスト』〔初任者編〕の第2章のポイントを抜粋したものです。

1 福祉サービスの基本理念【初任者編・第2章第1節】

■福祉サービスにおいては、人間が本来もつ生きる希望と独自の力を引き出し、人が生涯にわたり自分自身の尊厳をもって、豊かな生活を実現できるように支援することが求められる。

> 福祉サービスの基本的理念〈社会福祉法〉
>
> 第3条　福祉サービスは、個人の尊厳の保持を旨とし、その内容は、福祉サービスの利用者が心身ともに健やかに育成され、又はその有する能力に応じ自立した日常生活を営むことができるように支援するものとして、良質かつ適切なものでなければならない。

2 福祉職員に求められる5つのポイント【初任者編・第2章第1節】

- 利用者の権利、人権を保障する
  - *憲法第13条では国民が個人として尊重され、幸福を追求する権利を尊重すること。そして、同14条第1項ではすべての国民は法の下で平等であることが明記されている。
  - *また、憲法第25条では、すべての国民は健康で文化的な最低限の生活を営む権利があるとされており、福祉職員はこれらの原則に則り業務を遂行しなければならない。
- 利用者の秘密保持
  - *福祉職員はその業務において知り得た情報を、利用者の同意なく利用者の福祉の向上に必要とされる範囲を超えて第三者に提供してはならない。利用者のプライバシー保護の基本原則である。
- 利用者の代弁者
  - *福祉職員は、利用者の個別性を重視し、利用者の状況を受容し、その利用者に最も適したサービスの提供を行わなければならない。
  - *福祉サービスの利用者は自分自身で状況を伝えられない状態にあることも珍しくない。福祉職員は利用者の状況を自ら判断し、真のニーズの代弁者となることが求められる。
- 専門知識・技術の向上
  - *サービス利用者が直面している問題を直視し、それが解決できる技術、知識の習得と研鑽に努めなければならない。
- 社会への働きかけ
  - *福祉職員は、利用者への支援を通して、福祉の現場での課題を行政や社会に発言し、利用者の抱える問題を社会で解決できるように働きかけなければならない。

(著者作成)

3 利用者を過去・現在・未来の時間軸で理解する【初任者編・第2章第2節】

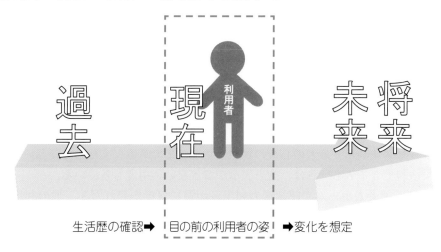

生活歴の確認 ➡ 目の前の利用者の姿 ➡ 変化を想定

（著者作成）

4 福祉ニーズとは何か【初任者編・第2章第3節】

■ 生活を送るために必要なもの

5 問題発見と社会的対応のメカニズム【初任者編・第2章第3節】

A群	C群
＋当事者・家族はニーズに気づいている ＋近隣の住民、親族、第三者もニーズに気づいている	＋当事者・家族はニーズに気づいている －社会的情報・資源の利用法を知らない －近隣の住民、親族、第三者はニーズに気づいていない
B群	D群
－当事者・家族はニーズに気づいていない ＋近隣の住民、親族、第三者がニーズに気づいている	－当事者・家族はニーズに気づいていない －近隣の住民、親族、第三者もニーズに気づいていない －適切な情報・資源がない

（山崎美貴子『社会福祉援助活動における方法と主体』相川書房、2003年、312頁）

6 対人サービス・福祉サービスの特性【初任者編・第2章第4節】

対人サービスの特性
○ 形がない
○ 需要に応じて生産、その場で消費
○ 返品不可
○ 人間関係や個人の技量により品質が変わる

福祉サービスの特性
・密着型
・密室型
・小さな過誤や事故でも許されない
⇒第三者評価

（著者作成）

意思表示が困難な利用者への支援は、「見る」こと「記録する」ことから

日々観察と記録

➡ 福祉サービスを利用する人の心身の状態はさまざまである。支援してほしいことを自分自身で言葉で表現できる人もいれば、意思表示ができない利用者も多くいる。

➡ ある特別養護老人ホームで認知症の利用者が週に何度か暴れだし、他の利用者に暴力をふるったり、職員に殴りかかったりする行動があった。暴れる利用者は認知症がかなり進み、意味のある発話はほとんどできない状態であり、その利用者を担当していた職員はどうしてそのような暴力行為が起きるのかがわからなかった。

➡ 職員は、利用者が暴れないことを毎日祈るばかりだったが、原因を突き止めるべく、まずは手探りで、利用者の日々の生活記録をとった。いつどのようなときに暴れるのか、それが解消するときはいつもと違うのか。同僚の看護師と協力して、利用者の体温や血圧等も記録し、食事状況、行動を記録しはじめた。

➡ 記録をとって3カ月目に入ったときのことである。過去の記録を振り返りながら、利用者が暴れる日と暴れない日の状況を比べると、そこに違いがあることに気づいた。暴れる前の日は便秘であることが多かったのだ。そして、排泄を誘導したり、薬で排泄を管理したりすると、暴力行為が収まっていることがわかった。

近くにいる利用者を鳥瞰することが大切

➡ 記録から気づいたことをさっそく看護師、医師に報告し、排便の管理にいままで以上の気を配り、便秘が起きないように食事、運動などの支援を行った。その結果、便秘が減るとともに暴力をふるう回数が激減した。意思表示が困難な利用者が便秘で苦しんでいるのに気づいたことにより、利用者の生活が改善し、暴力も解消できたわけである。つまり、利用者の暴力行為を抑えることを考えるだけではなく、原因を探るために利用者の生活を記録することからはじめたことが、よい結果につながった事例だ。

➡ 利用者と常に向き合って支援をする福祉サービスでは、利用者に深く入り込んで、客観的に状態を見ることができなくなることがある。この事例は、支援者である福祉従事者が利用者に向き合いながら、一方で、利用者を鳥瞰してみることが重要であることをわれわれに教えてくれている。そして、長期的に生活の記録をとることで、現象の裏にある事実を客観的に把握できることを教えてくれる事例である。

➡ 「木を見て森を見ず」ということわざがあるが、密着してサービスを提供しなければならない福祉サービスであるからこそ、意識的に利用者から離れて、利用者の生活全体、つまり、森を見る努力をしなければならないのではないだろうか。

メンバーシップ

中堅職員としての
フォロワーシップの醸成（じょうせい）

目　標

◉中堅職員には上司を支え、後輩職員を育てるという重要な役割がある。同時に、将来チームリーダーとして存分に力を発揮するための専門的かつ実践的な知識・技術を習得すべき立場でもある。

◉第3章では、チームを支え、率いる中堅職員が習得すべき基本姿勢とスキルを、次に示す5つのポイントをふまえながら学ぶことを目的としている。

　◇チーム内での中堅職員の位置づけと役割

　◇リーダーシップとフォロワーシップの2つがバランスよく発揮できる職員となるための基本姿勢と視点

　◇上司を支え、後輩職員の育成を図るコミュニケーションの技法。さらには、上司と後輩職員との間を取り持ち、両者の間の溝を埋め、強固な信頼関係が築けるサポーターとなるための人間関係スキル

　◇チームの目標・計画・方針の実現に向けた貢献の方法

　◇中堅職員としての働きを振り返り、課題を確認するための取り組み

構　成

❶ チームメンバーとしての位置づけと使命を再確認する

❷ 中堅職員としての基本姿勢を身につける

❸ 後輩職員・上司との人間関係スキルを身につける

❹ チームの目標達成と問題解決に向けたスキルを習得する

❺ 自己を振り返り、課題を把握する

☕ ＊ティータイム＊ ………………… 頼りにされる中堅職員となる課題にチャレンジしよう

1

チームメンバーとしての
位置づけと使命を再確認する

1 チームメンバーとしての自己の位置づけと役割を理解する

中堅職員に求められるのは、メンバーシップの発揮である。メンバーシップとは、組織メンバーの一人ひとりが、プロとして果たすべき役割と使命を正しく理解し、組織目的の達成に向けて行動を起こすことであり、そして、その結果、所属する法人・事業所や各部署・チームの発展に寄与していくことをさす。

この概念は、フォロワーシップとリーダーシップの2つの要素から成り立っている（**図表3-1参照**）。

中堅職員の役割は、フォロワーシップとリーダーシップの2つをバランスよく発揮していくことにある。1つはフォロワーとして、上司から受けた指示を忠実かつ着実にやり遂げていく役割である。就業規則や業務遂行のルールを忠実に守りながら業務に携わる、組織が掲げる目標達成に向けて行動する、職業倫理に則った業務を遂行する、などといった役割を果たすことが求められている。

もう1つは後輩職員に対して、リーダーシップを発揮することだ。後輩職員が育つよう、職業人としてよき手本を示す、後輩職員の働きぶりや成長ぶりを見極めながら必要に応じて適切かつ的確なアドバイスを提供していく、などの役割である。

2 チームのなかでリーダーとしての資質を磨く

リーダーとして働く時期は、組織やチームをあるべき方向に導く司令塔（チームリーダー、主任、管理職員）となるための準備期間といえる。将来、その重要な役割を担うために、いま、所属するチームという小集団のなかで、リーダーシップを発揮する姿勢が必要となる。リーダーとしての資質を磨く姿勢が求められる。

その第一歩となるのが、法人・事業所が掲げる運営理念や目標の確認、そしてチームが掲げる目標の確認である。チームの中核メンバーとして、目標達成に向けて何をすべきか、具体的な行動指針を立案し、行動を起こし、着実に成果を積み重ねていく。こうした取り組みがリーダーとしてさらなる活躍をするうえでの重要な礎となる。

3 「5つの勇気」に根ざした真のフォロワーシップを発揮する

現場での経験をある程度積み重ねた中堅職員に求められるフォロワーシップは、単に上司の指示やアドバイスに従うことではない。

中堅職員にフォロワーとして求められる役割は、ポジティブで建設的なものである。福祉の職場をさらによい環境にするために貢献する、問題や課題がある場合に目をそらさずに直視する、改善に向けて行動を起こす、などの役割が求められている。

この重要な役割をまっとうするには、フォロワーシップの概念整理を行ったアイラ・チャレフの言葉を借りれば、「勇敢なフォロワー（Courageous Follower）」となることが必要となる。具体的には次のような勇気をもって業務に携わるフォロワーが求められる[1]。

1) アイラ・チャレフ、野中香方子訳『ザ・フォロワーシップ』ダイヤモンド社、2009年、12～14頁

◎**責任を担う勇気**：これは、ひとりの職業人として、強固な当事者意識をもって、責任を果たしていく勇気である。さらには、組織に対する責任を果たしていく勇気である。中堅職員としてキャリアを積んできたのであれば、「いま、この職場で働く私が業務のレベルアップを図るキーパーソンにならなければならない」「私には職場をよい方向に導く責任がある。それをまっとうすることが自分の使命だ」との強固な当事者意識をもつことが求められる。

◎**役割を果たす勇気**：これは福祉の職場で働く専門職（プロ）としての役割や使命を自覚し、自ら進んで、困難な仕事を引き受け、やり遂げていく勇気をさす。

◎**改革に関わる勇気**：組織やチームが掲げる目的を達成していくには、積極的に改革に関わっていく勇気が必要となる。何が問題なのか、上司や後輩職員との対話を積み重ねながら、適切な改善案をつくり上げていく。改善案に対して合意が得られたら、実行するキーパーソンとしての役割を果たしていく。定期的に進捗（しんちょく）状況を確認し、成果が上がらない場合は、より実効性のある案を立案し、実行に移していく。こうした取り組みを通して改善していくことが求められる。

◎**異議を申し立てる勇気**：これは職場のなかに、現在の福祉理念に照らし合わせると、「不十分である」「不適切である」といわざるを得ない実態があるとき、声を上げる勇気をさす。たとえ、一時的に部署内・チーム内に波風が立つ可能性があっても、改善に向けて声を上げる勇気である。もちろん、声を上げる際には、冷静に根拠を示しながら、何が問題なのかを説明し、他の職員の納得が得られるよう努めなければならない。

◎**良心に従って行動する勇気**：職場内で自分が行っている業務に関して、利用者本位サービスや権利擁護の視点から考えて不十分あるいは不適切なものがあるとき、まずは自分自身が率先して行動を改めていく勇気である。チームのなかで、ある一定の経験を積み重ねてきた中堅職員には、職場のなかに改めなければならないことがある場合、率先して改めていく姿勢を示すことが求められる。

●図表3−1

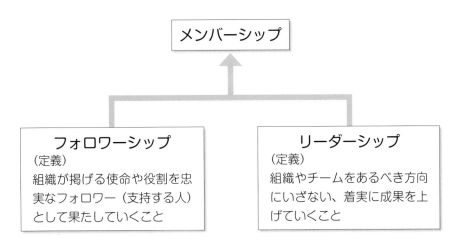

（著者作成）

中堅職員としての基本姿勢を身につける

1 メンバーシップを発揮するための基本姿勢を習得する

メンバーシップを発揮する職業人となるためには、次に示す8つの基本姿勢の習得が必要となる。

①**強固な当事者意識をもって働く**：「職場をよりよき方向に導く責任は自分自身にもある」という強い当事者意識をもって働くとの姿勢。

②**自主性・自発性・主体性を発揮する**：チームの中心メンバーとして、自主的・自発的・主体的に業務に携わっていく姿勢をさらに磨き、後輩職員に伝えていく姿勢である。

③**組織・部署・チームの発展に貢献する**：中堅職員の立場になれば、業務レベルの向上に、主体的に関わる姿勢が求められるようになる。組織・部署・チームのレベルアップ、職員の働く喜びや利用者の幸せに貢献する姿勢が必要になる。

④**忠誠心を行動で示す**：組織に属しているものは誰もが、「この職場をよくするために私は働いている」という気持ちをもち、行動で示し、実績向上に貢献することが求められる。

⑤**使命感・責任感をもって働く**：福祉の仕事に携わる職業人としての使命と責任を常に自覚しながら働く。

⑥**倫理観に根ざした行動をする**：社会福祉の職場で働く人に求められる倫理を遵守した業務を行う。常に強固な倫理観に基づく接遇や業務遂行に努める姿勢をもち続ける。

⑦**職場に潜む課題や問題の解決に向けてボトムアップを推進する**：後輩職員に対しては、現場の最前線で働く者が率先して上司に働きかけ、改善を実現していくボトムアップの重要さを、自らの行動を通して教示していく。上司に対しては、現場にどのような課題や問題があるか適切な情報提供を行い、管理職員がリーダーシップを発揮できるようサポートする姿勢が求められる。

⑧**レジリエンスに磨きをかけ常にいい状態で働く**：レジリエンスとは、直訳すれば「元の状態に戻る力や特性」である。ストレスやプレッシャーがかかり、一時的に力が十分に発揮できない状態になったとき、そこから回復していく力をさす。

福祉の職場に限らず、どの職場でもうまくいかないことに直面する。失敗体験をするケースもある。そのような経験をしたとき、できるだけ早く回復する力を身につける。

最も有効なのは、小さな成功体験を積み重ねる取り組みだ。日々、小さな目標を掲げて業務にあたるという方法である。例えば、「今日は、利用者の○○さんと会話を楽しむ時間を5分以上もつ」との目標をもって働く。小さな目標だからこそ、達成の可能性は極めて高い。日々、小さな目標を立てて働き、達成していく経験を積み重ねれば、職員としての自信が確固たるものになっていく。うまくいかないことがあっても、元の状態に戻るレジリエンスが身につくようになる。

2 一つ上の立場からものを考える習慣を身につける

中堅職員には、2つの役割が求められる。1つは上司の指示やアドバイスを受け、組織が果たすべき使命の達成に向けて行動するというフォロワーとしての役割。もう1つは、後輩を指導し、あるべき方向に導くというリーダーとしての役割である。

リーダーとしての役割を身につけていくには、自分がいるポジションよりも上の立場に立って、

部署やチームが何をなすべきかを考える姿勢が必要になる（**図表3－2参照**）。管理職員やチームリーダーなど上司の立場から見れば、部署やチームにはどのような課題があるのか、どのような問題を克服していかねばならないか、部署間やチーム間の連携を深めるために、どのような行動を示すことが必要なのか、より明確に把握しやすくなる。同時にその問題や課題の解決を図るために、部下や後輩にどのような指示を出せば、快く動いてくれるか、納得してついてきてくれるか、的確な指示を出すためのノウハウの習得にもつながる。

　管理職という立場やいまいるポジションより上の立場からものを考える習慣をつけることによって、上司がどういうことで困っているのか、どういうサポートがあれば助かるのか、理解が深められる。

3 日々の業務を振り返り改善に向けて行動を起こす

　よき先輩職員として後輩職員をリードするには、自分が日々行っている業務の再確認が必要である。「あたり前だ」「これでよい」と思いながら行っている業務を、「本当にこれでいいのか」「もっとよいやり方はないか」という視点で一つひとつ点検していく。点検の結果、利用者本位サービス、権利擁護という観点から見たとき、不十分な部分がある場合には、すぐに改善を試みていく。「無理だ」「できない」と決めつけるのではなく、知恵を絞り、1つずつ改善をしていく。独力での解決が困難な場合は、先輩職員、上司、同僚の力を借りて、改善していく。

●図表3－2　一つ上の立場から何をなすべきかを考える

（著者作成）

後輩職員・上司との
人間関係スキルを身につける

1 コミュニケーションの原則に基づく言動を常に心がける

　職員間で信頼関係を築き上げていくためには、福祉専門職に求められるコミュニケーションの原則に基づく言動を常に心がける必要がある。基本は次に示す5点である。

■誰に対しても常に笑顔で挨拶を心がける

■感謝とねぎらいの気持ちを積極的に伝える

■常に敬意をもって接する

■プラスの視点で見る

■後輩を注意する必要がある場合には、相手が冷静に指摘を受け入れられるよう、「なぜ苦言を呈するのか」「なぜ注意をするのか」をていねいに説明する

2 誤解や思い込みを解消する役割を果たす

　上司と後輩職員との間に大きな溝ができてしまい、信頼関係が成り立たなくなる最も大きな原因は、誤解や思い込み、気持ちのすれ違いである。典型例は次のとおりだ。①どのような手順や方法で業務に携わるのか、すり合わせをしておらず、どちらも自分が正しいと思い込んで対立関係に至る、②職員として、どのような役割を担っているのか、それぞれの役割を誤解する、③相手に対して発した言葉や働きかけを、マイナスの視点で解釈し、自分に対して冷たい言動を示したと誤解してしまう。

　こうした誤解や思い込み、すれ違いを防ぐには、両者の間に入り、それぞれの思いを客観的な立場から正しく伝える人の存在が必要である。その役割を担うのは、プロとして一定期間の勤務経験をもつ中堅職員である。両者の間に入り、それぞれの思いを相手にわかりやすく伝える役割を果たす。感情のすれ違いや誤解を解消していく役割を果たしていく。

　例えば、後輩職員から「上司が現場のことをわかっていない」との不満の声を聞いた場合は、「私も新任職員時代に同じような思いを抱いたこともあります。上司に現場のことを理解してもらわなければ、と強く思い、積極的にこちらから今日現場で何があったか、日誌や口頭で伝える努力をしました。きちんと伝えるように努力したら『ああ、そんなことがあったんだ。いつもご苦労さん』と上司が私のことをねぎらってくれるようになりました。この方法をぜひ、試してみてください」とアドバイスする。

　逆に、上司が後輩職員の働きぶりに関して、「働きはじめてから3カ月たっているのに、食事介助に関してはまだひとり立ちしていないようだね」とマイナスの評価をしている場合は、「たしかに、その点については課題としてあるのですが、認知症のご利用者に対してはとてもゆったりとした接し方をするので、彼女がユニット内にいるだけで、利用者が情緒面で落ち着いた状況になります」とプラスのコメントを伝える。さりげない形で、不信感を示された後輩職員のよいところを上司に伝えるようにする。

3 「仲介者」や「翻訳者」としての役割を果たす

　上司の指示内容やその意図がうまく伝わっていない場合は、思いが伝わるよう後輩職員にかみくだいて伝える役割を担う。後輩職員が上司に対して不信感や戸惑いをもたないようアドバイスす

る。

　仕事に対する熱い思いを上司に伝えられない後輩職員に関しては、仲介者としての役割を率先して担い、後輩職員の思いを上司や先輩職員に伝えていく。逆に、後輩職員が上司の言動を誤解している場合は、上司の思いをわかりやすく丁寧に伝えるようにする。

　こうした取り組みを通して、両者の間を取り持つ、「仲介者」としての役割を果たす。思いを相互に誤解している場合は、正しい解釈を伝える、よき「翻訳者」としての役割を果たす。

4 後輩職員をサポートし、育成する

　中堅職員の重要な任務のひとつは、後輩職員の育成である。とりわけ、力を注がなければならないのは、初任者の育成である。彼らにとって、中堅職員の存在および影響力はとても大きい。最前線で共に働く仲間であり、接する時間が管理職やチームリーダーと比較すると圧倒的に多いからだ。先輩職員とどう向き合い、どのような関係をつくれるかが、初任者が成長したり、職場への定着を促進したりするうえでの大きなポイントとなる。

　初任者が福祉の職場でよいスタートを切れるようにするには、初任者が共通に経験する、次の3点に関する戸惑いへのサポートが不可欠である。

●**先輩職員との距離のとり方がわからない**（わからないことがあるとき、どのタイミングでどう質問をしていけばいいのかわからない）

　→**サポートのヒント**：先輩である自分から、後輩に積極的に声をかけるようにする。1日の業務のなかでどの時間帯であれば話ができるか、情報提供をする。初任者からの働きかけがなくても、戸惑っていると思われる場合は、声をかけアドバイスする。

●**先輩職員間で業務のやり方や利用者への接し方等に大きな違いがある**（先輩がそれぞれ異なるアドバイスを後輩にするため混乱する）

　→**サポートのヒント**：職場のなかで正しいと確認されているやり方はどの方法なのか明確に伝える。先輩職員間で業務のやり方について統一がとれていない事実がある場合は、見直しに向けて努力することを伝える。実際に上司や同僚と話し合いの機会をもち、共通認識に基づく業務ができるよう努力する。

●**うまく信頼関係が築けない利用者がいる**（苦手意識を感じる利用者がいる）

　→**サポートのヒント**：うまく信頼関係が築けない利用者あるいは苦手意識を感じる利用者がいるとしても、初任者として働きはじめた段階では何ら恥ずべきことではないと明確に伝える。大切なのは、信頼関係を築き、苦手意識を克服する努力を惜しまないこと。その具体的方法に関して自らの経験をふまえて、わかりやすく伝えるようにする。

5 後輩職員とよき人間関係を築くためのポイントを押さえる

　福祉の職場で働きはじめる人のバックグラウンドはさまざまである。福祉を勉強して新卒で入職する人もいれば、関連が薄い学科・学部を卒業して入職する新卒者もいる。他の業界で働いた経験をもつ人もいれば、福祉の分野で働いた経験をさらに生かすために転職をしてくる人もいる。年齢や社会人経験という視点からすれば、必ずしも中堅職員である自分が先輩とは限らない。だからこそ、中堅職員が初任者や後輩職員と信頼関係を築くうえで、忘れてはいけないポイントが3つある。

　①相手の人生経験、職務経験等を尊重し常に敬意をもって接すること、②一方的に教えるのではなく相互に学び合う姿勢をもつこと、③相手の立場に立ち、どのような形でアドバイスをすれば受け入れてもらえるか、考えながら接すること。

　こういった姿勢をもち続けることが必要である。

チームの目標達成と問題解決に向けたスキルを習得する

1 目標・計画・方針を常に意識する

　業務目標、業務計画、業務方針にそった働き方を身につける。これは全ての職員に求められる基本原則である。経験年数を積み重ね、後輩職員によき手本を見せなければならない立場になればなるほど、組織が掲げる目標・計画・方針にそった業務姿勢を示す責任は重くなる。福祉の職場で働きはじめた新任職員の立場からいえば、身近な存在である中堅職員こそが、よきロールモデルとなり、目指すべき明確な職員像となるからだ。

2 各レベルで設定された目標・計画・方針を確認・把握する

　目標・計画・方針は、常に次に示す4つのレベルで捉えるようにする。

◉**法人レベル**：経営母体である法人は、どのような目標・業務計画・業務方針を掲げているか、を確認する。このレベルにおける目標達成のキーパーソンは管理職員クラスであり、法人本部で業務に携わる職員となる。各事業所で中堅職員の立場で働く人は、直接、関与することは少ないかもしれないが、どのような目標・計画・方針が掲げられているかは理解していなければならない。多くの場合、法人の目標をふまえたうえで、各事業所の目標が設定されるからだ。なんらかの形で連動している場合が多い。

◉**各事業所レベル**：法人が運営する各事業所には、どのような目標・計画・方針が掲げられているか、を把握する。中堅職員はこのレベルから、大きな関わりをもつようになる。施設長や管理職員のリーダーシップのもとで、自分が所属する事業所が掲げる目標・計画・方針にそった業務を推進していかねばならない。

◉**各部署レベル**：このレベルになれば、中堅職員の役割はさらに大きくなる。部署を率いるリーダー職員と共に目標達成に向けて積極的に行動を起こすことが期待される。

◉**各チームレベル**：このレベルでは、中堅職員が目標達成のキーパーソンになるケースが極めて多い。チームの中核職員、あるいは、チームリーダーに次ぐ立場にある者として、チームの目標・計画・方針にそった業務を遂行し、目標達成に積極的に関わっていく。他のメンバーとの協働作業で目標達成する姿勢が求められる。

3 目標・計画・方針にそった業務ができているかを振り返る

　中堅職員には日々の業務を行うなかで、目標・計画・方針にそった業務ができているか、目標達成に向けてチーム内の有力メンバーのひとりとして貢献できているか、振り返り、確認する姿勢が求められる。

　万が一、十分な貢献ができていない場合は、何が原因なのか点検する。自分の範囲で解決に向けて動けることに関しては、すぐに行動を起こし、改善していく。

　自分の範囲では解決できない場合は、チームリーダーに相談し、チーム全体で検討する場を設け

る。チームリーダーを支えながら、十分な目標達成ができるチームとなるよう計画の練り直しや見直しへの貢献をする。

4 目標・計画・方針にそった業務遂行を同僚、後輩に働きかける

　チームの目標達成には、チームメンバーが思いをひとつにして取り組んでいくとの共通認識が必要である。その際に、強いリーダーシップを発揮しなければならないのは、チームリーダーの立場にある職員である。

　ただし、チームリーダーまかせの姿勢を決め込むのは適切ではない。中堅職員になれば、目標・計画・方針の達成に関して積極的に推進する姿勢を示すことが必要となる。チームリーダーを支えながら、目標・計画・方針の徹底を同僚や後輩に呼びかけ、進捗状況を見守る姿勢が求められている。

5 チーム内の目標・計画・方針の改善に貢献する

　目標・計画・方針にそった行動が、不十分な状態にとどまっている後輩職員がいる場合は、目標・計画・方針に問題がなかったか、無理な部分がなかったか点検する必要がある。

　同時に目標・計画・方針の推進体制を点検することも忘れてはならない。具体的には**図表3－3**に示した5点に問題がないか点検し、改善の必要性が確認できたら、チームあるいは部署レベルで改善に取りかかることが必要となる。

●図表3－3

> **1**
> 目標・計画・方針に無理がないか。人員配置や職員のマンパワーという点からみて無理な計画になっていなかったか

> **2**
> 目標・計画・方針があいまいで、具体的にどう行動するのか、わからない抽象的なものではなかったか

> **3**
> 目標・計画・方針達成の必要性が、チーム全体、組織全体に行き渡るよう、そして、職員全員が納得できるよう、伝えられていたか

> **4**
> そもそも目標・計画・方針が、職場のニーズや課題を十分に反映したうえで立案したものになっていたか。現場サイドから見て、優先順位の低いものばかりが目標として掲げられていなかったか

> **5**
> 目標・計画・方針達成に向けて努力する後輩職員・部下を、サポートする体制が整備されていたか。後輩職員や部下が壁にぶつかったときに、適宜アドバイスを受けることができる環境が整備されていたか

（著者作成）

自己を振り返り、課題を把握する

1 チーム内で果たすべき役割を再確認する

　自己の振り返りは、役割確認からはじまる。中堅職員の場合、最も重要な役割のひとつは、チーム内の中核メンバーであるとの強い当事者意識をもち、業務レベル、チームワーク、組織目標の達成に寄与することである。真の意味でのメンバーシップを発揮していくことである。

　福祉の領域で働く職業人として、さらなる成長を目指すのであれば、この重要な役割が果たせているか、確認する作業に取りかからなければならない。

2 「よきフォロワー」としての役割を自己チェックする

　組織と上司に対して、「よきフォロワー（よき部下）」として存分に力を発揮しているかを確認するために、次に示すチェックリストにチャレンジしよう。

　チェック方法は次のとおり（**図表3－4、3－5**）。

　まず各項目にじっくりと目を通す。やり遂げていると思うものにはチェック欄に○を入れる。やり遂げていないことには×を入れる。×がついたものには、○がつくよう、行動を起こし、改善する。

●図表3－4　組織の「よきフォロワー」としての役割チェックリスト

- [ ] 所属する法人が創設時に掲げた目標や理念を理解している（創設者がどのような思いをもって創設したのか理解している）
- [ ] 法人がどのように発展を遂げてきたか理解している（組織の沿革を理解している）
- [ ] 法人が今後、どのような方向に進もうとしているのか、中長期の事業計画を理解している
- [ ] 法人内にあるさまざまな事業所がどのような役割を果たしているのか、何のために設置されたのか理解している
- [ ] 所属する事業所が掲げる中長期目標、及び、当該年度の目標を理解している
- [ ] 事業所内の各部署が掲げる達成目標を理解している
- [ ] 他の職種の職員がどのような役割・使命を担っているのか理解している
- [ ] 組織メンバーの1人として自分がどのような役割を担っているのか理解している（自分が所属する組織・部署・チームに対してどのような貢献をしてきたか、説明できる）
- [ ] 組織・部署・チームの発展のために、意見を述べたことがある（課題克服・問題解決に向けて何をすべきか、意見を述べた経験がある）
- [ ] 組織メンバーとして、自分は組織・部署・チームのレベルアップに貢献する何か（専門的な知識や卓越した技術など）をもっていると胸を張って語ることができる

（著者作成）

● 図表3-5 上司の「よきフォロワー」としての役割チェックリスト

- ☐ 上司（チームリーダーや管理職員）が部下である自分あるいは自分たちに何を期待しているのか理解している
- ☐ 上司が部下やチームメンバーに示した指示を、わかりやすく後輩職員に伝えることができる
- ☐ 上司の思いや指示等を理解するのが困難なとき、対話を通して理解する姿勢を示すことができる
- ☐ チームの中核メンバーとして気づいたことを、上司に伝えるのは自分の使命であることを自覚しているし、その役割を果たす努力をしている（上司に現場で何が起こっているか、伝える責任は自分にもあるとの強い思いをもって働いている）
- ☐ 部署内、チーム内の問題解決を全て上司に丸投げするのではなく、解決に向けた基本的枠組みや方法に関して、提案することができる
- ☐ 上司に対して自分から積極的に対話する機会をもつよう努力している
- ☐ たとえ十分な力を発揮していないと思える上司に対しても、安易に批判するような態度は示さない（何が上司をその状態に追いやっているのか原因を把握し、必要なサポートを行う姿勢を示している）
- ☐ 上司から注意を受けたとき、謙虚に受け止めることができる（誤解や事実誤認による注意の場合は、冷静に、事実誤認だと説明できる）

（著者作成）

3 「よきリーダー」としての役割を自己チェックする

　後輩に対してリーダーシップを発揮しているかを確認するために、次に示すチェックリストにチャレンジしよう（**図表3-6**）。その際には、まず各項目にじっくりと目を通す。十分にクリアしている項目にはチェック欄に〇、不十分なものには×をつける。×がついた項目は、〇になるよう行動を開始する。

● 図表3-6 後輩の「よきリーダー」としての役割チェックリスト

- ☐ 後輩職員と意見交換をする機会をもつよう心がけている
- ☐ 初任者に対しては、自分から話しかけるよう努めている
- ☐ 笑顔で挨拶、感謝とねぎらいの言葉をかけるよう心がけ、誰もが気持ちよく働ける職場づくりに努めている
- ☐ 誰とでも話ができるよう努めている
- ☐ 支援が困難な利用者との接し方、適切な援助・支援・保育・介護の方法に関して、常によき手本をみせるよう努力している
- ☐ 業務遂行の手順や方法に関して、戸惑いを感じている後輩職員に対して、適宜、必要なアドバイスをするよう努めている
- ☐ 経験だけに基づく業務ではなく、「なぜこのような手順や方法で業務を行うのか」「なぜこのような方法で支援を行うのか」を後輩に根拠を示しながら説明できる
- ☐ 「期待に応えてくれない」「十分な業務ができない」との状態にある後輩職員に対して、「何が彼や彼女を期待に応えられない状態に追い込んでいるのか」「十分な業務ができない状態にしているのか」、原因を把握する努力をしたうえで、適切なアドバイスをするよう努めている

（著者作成）

第3章 メンバーシップ

47

メンバーシップ

以下の内容は、『福祉職員キャリアパス対応生涯研修課程テキスト』〔初任者編〕の第3章のポイントを抜粋したものです。

1 メンバーシップとは【初任者編・第3章第1節】

■メンバーシップとは、職業人として働く全ての人が共有すべき基本概念のひとつである。その意味は、①組織メンバーの一人ひとりが、プロとして果たすべき役割と使命を正しく理解し、組織目的の達成に向けて行動を起こすこと、②その結果、所属する法人・事業所や部署・チームの発展に寄与していくこと、である。

2 メンバーシップの構成要素【初任者編・第3章第1節】

■メンバーシップの構成要素は、組織が掲げる使命や役割に忠実なフォロワー（追い求める人・支持する人）として行動を起こし達成していく姿勢をさす「フォロワーシップ」と、組織やチームをあるべき方向にいざない課題達成に導く「リーダーシップ」の2つに整理できる。

3 フォロワーシップに重点を置いた業務姿勢【初任者編・第3章第1節】

■福祉の職場で働きはじめて間もない初任者に求められるメンバーシップは、フォロワーシップに重点を置いた業務姿勢の習得である。

■福祉の職場で働きはじめた初期段階はメンバーシップに占めるリーダーシップの比率は小さいが、職業人としての階段をのぼればのぼるほど、大きくなっていく。ただし、どんなに上の立場になろうとも、フォロワーシップが占める割合がゼロになることはない。

4 メンバーシップを発揮する職員となるための基本姿勢【初任者編・第3章第2節】

■組織メンバーとして、職場・部署の発展やチームワークの向上、職員間の信頼関係強化に寄与するよき職業人となるためには、次に示す基本要素に根ざした思考・業務遂行姿勢・行動スタイルを身につけなければならない。
　　①強固な当事者意識をもって働く
　　②自主性・自発性・主体性を発揮する
　　③貢献を行動で示す
　　④忠誠心を行動で示す
　　⑤使命感・責任感をもって働く
　　⑥職業倫理に根ざした行動をする

5 職員間のチームワークとは【初任者編・第3章第2節】

■チームワークとは、2人以上の集団が、所属メンバーとの間で共有する目標や使命達成に向けて、一致協力すること。そして、その結果、所期の目標や使命を達成していくことをさす。初任者には、こうした観点から捉えたチームワークの醸成に力を尽くすことが求められている。

6 同僚・先輩・上司から信頼されるスキル【初任者編・第3章第3節】

■同僚・先輩・上司から厚い信頼を得ながら働けるようになるには、「この職員といると楽しくなる」「モチベーションが上がる」「一緒に協力していい仕事をしようとの気持ちになる」との思いが強くなる職員を目指す必要がある。

■先輩や上司から厚い信頼を受け、チームの成長に貢献する職員となるには、どのような経歴で福祉の職場で働きはじめたとしても、「一から学ぶ」謙虚な姿勢が欠かせない。

7 チームの目標の必要性【初任者編・第3章第4節】

■複数の組織メンバーが所属する事業所が、着実に成長を遂げていくためには、組織内・部署内そしてチーム内に、明確な達成目標が掲げられることが重要である。目標がなければ、組織やチームは一体感をもって行動することができなくなる。

■各部署・各チームが掲げる目標は、創設時に掲げられた運営理念と連動しているため、法人・事業所がどのような理念を掲げて創設されたのか、そしてどのような発展を遂げてきたのか、組織の理念と沿革について理解することが必要である。

■福祉の職場で働く人には、たとえベテランになったとしても、自分が所属する法人・事業所や部署・チームにはどのような目標・計画・方針が掲げられているか、常に確認する姿勢をもち続けることが求められる。

■自分が組織のひとりの職業人として、チームが掲げる目標・計画・方針の達成に向けてどのような行動をとるのかを明確にし、自ら行動を起こすことが求められる。

8 初任者が習得すべきメンバーシップ【初任者編・第3章第5節】

■初任者が習得すべきメンバーシップは、フォロワーシップに重点を置いた職業人としての姿勢である。

■そのためには、
　①職業人としての使命や役割を理解し遵守する
　②上司や先輩職員の指示やアドバイスに謙虚な姿勢で耳を傾け、フォローする
　③福祉関連領域で働く者として、倫理規定を遵守した業務を行う
　④法人・事業所や部署・チームが掲げる目標・計画・方針の達成に向けて、全力を尽くすことが求められる

ティータイム　頼りにされる中堅職員となる 課題にチャレンジしよう

　中堅職員として、所属するチーム・部署や事業所の職員から信頼される職員となるために、さらには、チームワーク向上に貢献するよき職員となるために、次の課題にチャレンジしよう。

課題1 ……………………………………………………… 後輩とさらに良好な関係を築くためのチャレンジ

➡　これまで中堅職員として働く経験のなかで、「どう接していけばいいかわからない」「どうサポートしていけばいいかわからない」との思いを抱いた後輩職員の特徴をノートに書き出してみよう。そのうえで改善策の立案に取り組もう。具体的手順は次のとおり。

＊どのような言動、ものの見方・考え方、援助姿勢、働き方をする後輩職員であったか
＊後輩職員の困った行動や姿勢などの修正に向けて、これまでどのようなアプローチを図り、何がどこまでうまくいったか、あるいは、いかなかったか
＊今後どうやって、よりよき関係をつくり上げるか、具体的計画を立案する

課題2 ……………………………………………………… 上司とさらに良好な関係を築くためのチャレンジ

➡　これまでの職務経験のなかで、「信頼と敬意に基づく、良好な関係を築けなかった」「指示を受けてもどうにも動けず苦慮した」「残念ながらチームをまとめるというよりもバラバラにする状況を生み出した」など、不十分な働きに終わっている上司の特徴をノートに書き出してみよう。そのうえで改善策の立案に取り組もう。具体的手順は次のとおり。

＊どのような言動、ものの見方・考え方、援助観・援助姿勢、働き方をする上司であったか
＊上司の困った行動や姿勢などの修正に向けて、これまでどのようなアプローチを図り、何がどこまでうまくいったか、あるいは、いかなかったか
＊今後どうやって、よりよき関係をつくり上げるためのアプローチをしていくか、具体的計画を立案する

課題3 …………………………………………… 後輩や上司に信頼される中堅職員となるためのチャレンジ

➡　中堅職員として、自分が示す日々の業務姿勢のなかに、後輩職員や上司が驚いたり、がっかりしたりするような振る舞い、言動がないか、点検する。浮かび上がったものをノートに書き出し、改善に向けた計画立案に取りかかる。具体的手順は次のとおり。

＊自分自身の日々の業務姿勢や業務手順、利用者への接し方、職員への言動のなかに、改めるべき点はないか。後輩や部下の視点からすれば、改善すべきだと思われる点はないか、点検する。浮かび上がってきたことをノートに書き出す
＊誤解を受ける言動と思われるものから1つを選び出し、なぜそのような言動をしてしまうのか。なぜ誤解を受けるような業務姿勢になるのか、原因を明らかにする
＊そのうえで、改善に向けた計画立案に取りかかる

能力開発

中堅職員としての能力開発と
後輩職員の指導

目 標

◎中堅職員は、チームの要として日常業務の中心的な役割を期待されている。そこでは、職員としての自己の成長を図るだけではなく、チーム全体の質的力量の向上や、初任者に対するOJTもまかされる立場にある。

◎さらに、将来の職場に求められる職員像を描き、それに向けた研鑽を積むことも、中堅職員にとって大切な課題となる。福祉サービスの担い手に対する社会の期待はますます大きくなるだろう。福祉職員は、日々の業務を遂行するだけではなく、さまざまな研修を受け、また自己啓発に励むことで、職務遂行能力を向上させ、社会の期待に応えていく必要がある。

◎第4章のねらいは、中堅職員に期待される能力開発と自己成長のあり方を考え、その目標や方法、機会を検討することである。

構 成

① 中堅職員に求められる役割や能力を理解する
② 自己の課題を知り成長目標を設定する
③ 能力開発の方法と機会を理解する
④ OJTによる後輩職員の指導に取り組む
⑤ 自己啓発・相互啓発の効果的な進め方

☕ *ティータイム* ⋯⋯⋯⋯⋯⋯⋯⋯⋯⋯⋯⋯⋯⋯⋯⋯⋯⋯⋯ 研修好きと研修嫌い

1 中堅職員に求められる役割や能力を理解する

1 中堅職員は現場の「要」であることを理解する

　中堅職員は、法人・事業所において福祉サービスの中心的担い手である。一定の経験をへて、それぞれの職務領域において必要とする能力を習得し、組織やチームケアの一員として適切な役割行動を発揮していることだろう。

　福祉サービスの実践とは、利用者に対し、その必要に応じた社会資源を提供し、それを利用者が主体的に活用できるよう支援を行うことである。したがって、福祉サービスの担い手には、福祉サービスの理念や倫理、専門的知識を土台とした専門的技術の習得と向上が求められる。

●**よりよいサービスの提供**：福祉ニーズの量的拡大や質的多様化のなかで、福祉サービスの担い手への社会の期待は、さらに大きなものとなっている。現状のサービスに満足することなく、さらによりよいサービスの提供（最善のサービス）に努めていかなければならない。「最善のサービス」提供は、次の「最善のレベル」への欲求を刺激していくものである。サービスの質的向上は、直接の利用者だけではなく、広く市民からも期待されている。そうした期待に応えるためには、中堅職員は現状のサービス水準に満足することなく、常に「よりよいサービスの提供」を心がけなければならない。

●**チームケアの一員としての役割行動**：福祉サービスは、チームケアを基本とするものであり、連携と協働が不可欠である。その意味で、福祉職員には専門性と組織性（組織やチームの一員としての適切な役割行動）の両面を実践できる能力が求められるのである。組織やチームのなかでさらに大きな職責・職務を担うための「準備」が期待されるのが中堅職員である。

2 人材育成（能力開発）の類型を学び今後のあり方を考える

　福祉職員は、専門性と組織性の両者を車の両輪のようにバランスよく身につけていなければならない。これまでの学習や経験を通じて身につけてきた能力を振り返り、これからの能力開発のあり方を考えてみることが大切である。

●**I型・T型・π型・クラスター型**：人材育成（能力開発）では、よく「I（アイ）型人材」を目指すべきか、「T（ティー）型人材」を目指すべきかといわれることがある。最近ではさらに「π（パイ）型人材」や「クラスター（ブドウの房）型人材」などといわれることもある。「I型」とはある特定の専門性、スペシャリティを深めた人材のことであり、「T型」とは特定の専門性をもちながらさらに幅広い知見をもった人材、さらに「π型」とは複数の専門分野に精通し、かつ全体の調整もできる人材、「クラスター型」とはブドウの房のように多くの専門性をもった人材をたとえたものである。

　福祉の専門性と組織性ということでいえば、特定の専門性に秀でた人材は「I型」であるし、専門性と組織性のバランスのとれた人材は「T型」であり、組織性とともに複数の専門性をもつ人材は「π型」、そして多くの専門性や経験知をもつ人材が「クラスター型」といってよいだろう。

◉**I型からT型・π型へ**：専門的サービスの提供を担う福祉職員は、専門性の向上は不可欠であり、その面での能力開発を目指すことは重要なことであるが、組織活動やチームケアという観点から見ると、「I型」から「T型」「π型」へのキャリアアップが期待されるところである。「幅広い知識や人間性を基盤とした高い専門性」を目指すことが、これからの時代に求められる福祉人材像であるといってよいのではないだろうか（**図表4−1参照**）。

◉**専門性と組織性を一体化してサービスの向上を目指す**：法人・事業所のなかでサービスの中心的担い手となる中堅職員としては、専門性を深めつつ、拡大し、さらに組織性も開発していかなければならないが、その際両者の実践力を共に高めていく視点が重要になってくる。そのことによって職場全体に「常に職務遂行能力の改善と向上を図る」職場風土を醸成することは、後輩職員をはじめとした他の職員へもよい影響を与えることになるだろう。

3 後輩職員指導への期待と指導のポイントを知る

中堅職員になると、後輩職員や初任者に対する指導・支援が期待されるようになる。後輩職員や初任者指導の目的は、職場の戦力として職員の能力が十分発揮できるように指導することである。一人ひとりの職員を、個人としての成長とともに、組織（チーム）の一員としてスムーズに適応していくように指導することが、中堅職員に期待されている。

◉**指導の姿勢**：指導にあたっては、権威的、統制的に行うのではなく、常に側面から接し、援助していく姿勢が期待される。先輩職員として世話役、相談役的立場に立ち、チームリーダー（指導的職員）との連携をとりながら日常的にきめ細かな指導・支援をしていく必要がある。自ら模範となりロールモデル（役割モデル）の提示を行うことも大切である。

図表4−2は、職員育成の姿勢としてよく引用される日本海軍の山本五十六元帥が残した言葉である。指導者に求められる育成姿勢の真髄を見ることができるのではないだろうか。

●図表4−1　求められる人材イメージ

●専門性の深化と拡大、組織性の開発が求められる

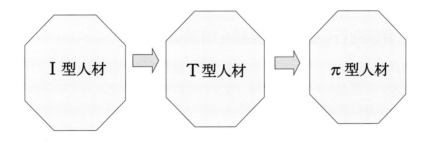

（著者作成）

●図表4−2　人材育成の基本的姿勢

> 1.「やってみせ、言って聞かせて、させてみせ、ほめてやらねば、人は動かじ」
> 2.「話し合い、耳を傾け、承認し、まかせてやらねば、人は育たず」
> 3.「やっている、姿を感謝で見守って、信頼せねば、人は実らず」

（山本五十六元帥の人材育成観）

自己の課題を知り 成長目標を設定する

1 中堅職員に求められるスキルを知る

中堅職員に求められるスキルに着目すると、「テクニカル・スキル」（実務的業務遂行能力）「ヒューマン・スキル」（対人関係能力）や「コンセプチュアル・スキル」（総合的判断能力）の向上が求められる（**図表4−3参照**）。

中堅職員の段階では、テクニカル・スキルとヒューマン・スキルの向上が特に重要である。この2つのスキルは、福祉サービスを実践していくうえで必要不可欠なスキルであり、そのレベルは法人・事業所が提供するサービス水準に大きな影響を及ぼすものである。

◉**テクニカル・スキル**：基礎から応用への展開（個別対応の深さと広さ）が求められるようになるし、専門的サービスの担い手としての力量アップが期待される。

◉**ヒューマン・スキル**：利用者との関係形成や対人サービスを実践していくうえで求められるものがあるし、チームケアの一員として求められるものがある。健全な当事者意識をもったメンバーシップや連携関係の形成、「ホウ・レン・ソウ」（報告・連絡・相談）等のコミュニケーション、チームワークの醸成等を目指していかなければならない。

ヒューマン・スキルを培い、利用者との良好な関係形成を図り、チーム内外でフォロアーシップやリーダーシップを醸成し、良質な出会いを体験していくことは、自己の職業人生の形成、自己実現にとっても重要なことである。

◉**コンセプチュアル・スキル**：所属する法人・事業所の一員として理念やサービス目標を理解し、体得できるスキルや利用者サービスに関する社会資源の理解と活用、関係するさまざまな機関や社会資源とのネットワーク形成等、幅広い視点で発想し、改善や改革に貢献できる能力の形成が求められることになる。将来のキャリアを見据えて、中堅職員の段階から幅広いコンセプチュアル・スキルを醸成していくことが大切である。

2 現状の自己評価を行い、成長課題を明確にする

◉**現有能力の評価**：現状の自己能力を評価する際には、自分の行動レベルを冷静に振り返り、その行動を支えている能力が、いままで培ってきたどの能力に支えられているのか、何が不足しているのかなどを冷静に評価する必要がある。

◉**能力開発（人材育成）ニーズ**：「求められる能力と現有能力の差（ギャップ）」として捉えられる。**図表4−4**に示したように、能力開発ニーズは、職務遂行ニーズと、人材育成ニーズで捉えてみるとよい。前者は、現在の立場や仕事を遂行するために必要となる能力開発の課題であり、後者は、将来の立場や仕事を遂行するために必要となる能力開発の課題である。

◉**次のステップのための課題の設定**：求められる能力を利用者の期待や組織の期待、現状の立場と将来の立場の両面から認識し、現有能力との差を明らかにすることによって、自己成長の課題が明確になってくる。その際は、不足点や改善点にだけ目を向けるのではなく、これまで培ってき

たノウハウや自己の持ち味、強みにも積極的に目を向け、これをさらに強化するための課題を設定し、さらに、次のステップのために求められる新たな課題を設定していくことが大切である。

3 具体的な成長目標を定める

目標は、何を、いつまでに、どのレベルまでに上げるかを具体的に設定し、OJT（On the Job Traning：職務を通じての研修）、OFF-JT（Off the Job Traning：職務を離れての研修）、SDS（Self Development System：自己啓発支援制度）等の支援や機会を有効活用しながら、自律的に自己啓発に取り組むことが大切である。

中堅職員として、意欲的に求められるスキルを身につけたり能力開発に取り組むことは、自己の成長にとって重要であるだけではなく、後輩へのモデルとしての役割を果たすことになる。そのような中堅職員の姿勢は、職場の風土醸成や、後輩の自己啓発に対する姿勢にも影響を与えるだろう。能力開発を進めるにあたっては、中堅職員として期待されていることに照らし合わせ、現状の自己の課題を明確にし、今後どのような能力を習得し、強化するかを明らかにする必要がある。

◉**成長目標の設定**：次いで、自己の成長目標を設定する。自己に不足している、あるいは強化すべき能力は、実務能力であるのか、日常の業務活動や生活場面のなかで求められる対人関係能力なのか、あるいは理念や目標を日常業務において理解し、実践に活かす能力や業務全体に対する総合的判断力なのかを決め、成長目標を設定する必要がある。

●図表4−3　中堅職員に求められるスキル

テクニカル・スキル	実務的業務遂行能力
ヒューマン・スキル	対人関係能力
コンセプチュアル・スキル	理念や目標を、実践に生かす能力、業務全体に対する総合的判断能力

（著者作成）

●図表4−4　能力開発（人材育成）ニーズの構造

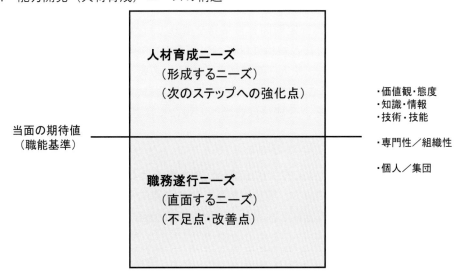

（著者作成）

能力開発の方法と機会を理解する

1 自己啓発に取り組むとともに、実践能力を高める

中堅職員の能力開発は、基本的には自己責任で、自律的に進めていくことが期待される。人は誰もが自分の能力を高め、社会的に認められるようになりたいという潜在的な欲求をもっている。

しかし、その欲求が「抽象レベルの願望」であったのでは成果に結びつくことはない。具体的に、どのような領域で、何を啓発テーマとするのか、自己啓発の目標や計画をもち、継続的に努力していくことが必要である。

◉**自己啓発**：自己をより高いレベルに上昇させようとする意図的な取り組みであり、その機会は、さまざまな場面のなかにある。法人・事業所では、職員のキャリアパスに関する仕組みを構築し、キャリアの段階に応じて能力開発の支援施策を実施しているところも少なくない。こうした職場研修の仕組みや施策などの機会は有効に活用しなければならない。

◉**実践能力を高める**：職業人としての能力開発の目的は実践能力を高めることであり、実践能力は、業務遂行のなかで培われるものである。中堅職員の能力開発では、業務遂行を通じて良質な経験を積み重ね実践能力を高めていくことが重要な課題となる。

2 職場研修の機会を知り有効活用する

◉**職場研修としてのOJT**：「職場の上司や先輩職員が、職務を通じて、または職務と関連させながら、部下や後輩職員を指導・育成する」研修である。日常活動のさまざまな場面で行われる上司や先輩職員の指示・指導、称賛や注意・アドバイス等は、「日常のOJT」としての「個別指導」であり、ミーティングやカンファレンス等の場で行われる情報の共有やケース検討は「集団指導」のOJTであるといってよい。

上司はさらに、一人ひとりの職員やチームの研修ニーズに基づいて「意図的・計画的なOJT」を行ってくれる。上司や先輩職員の指導を受け、実践を通じて学ぶことが大切である。

◉**OFF-JT**：「職務命令により、一定期間日常業務を離れて行う」研修であり、いわゆる「集合研修」である。職場内の集合研修と職場外研修への派遣の2つの形態がある。集合研修は、職務命令で行われるものであるから、法人・事業所としては、必要不可欠な課題について職場内で実施し、外部研修への派遣を行うことになる。OFF-JTの機会は、積極的に生かす姿勢が大切である。受講の際には事前準備を整え、受講後は職場への復命や伝達研修を行っていくことが期待される。

◉**SDS**：「職場内外での職員の自主的な自己啓発活動を職場として認知し、経済的・時間的な支援や施設の提供を行うもの」である。職員にとっては、自律的な自己啓発を支援してくれる仕組みであるから、さまざまな支援施策を活用し、計画的に自己啓発の努力を行うことが大切である。

3 次のキャリアを見据えた自己啓発を意識する

　前節で述べたとおり自分自身が目指す「将来のありたい姿」と組織や上司が期待する「将来のあるべき姿」の双方を描きながら、能力開発のテーマ設定をし、テーマに応じた研修の方法や機会を検討していくことが大切である。

◉**利用者をとりまく社会関係への視点**：中堅職員段階になると、利用者をとりまく社会関係にも広く目を向けることが大切である。利用者は直接的にサービスを提供する福祉職員以外にもさまざまな関係をもちながら生活しており、その関係に視野をおいたサービス実践を目指していかなければならない。
　利用者をとりまく社会関係は、次のような視点で捉えられるものである。
■利用者と直接サービスを担う職員・チーム
■利用者が活用しているサービス組織（法人・事業所）
■サービス組織に関わる他の組織や機関
■利用者が帰属している家族や親せき、縁者
■地域組織やさまざまなインフォーマル資源などとの関係
■国や自治体との関係

　どのような組織や集団とどのような関係で結ばれているかの認識を深めていくことが大切である。

●図表4－5　職場研修の3つの形態

OFF-JT（職務を離れての研修）	SDS（自己啓発支援制度）
職務命令により、一定期間日常職務を離れて行う研修。職場内集合研修と派遣研修がある。 ⇒研修の機会を積極的に生かす	職員の職場内外での自主的な自己啓発活動を職場として認知し、経済的・時間的支援を行う。 ⇒支援を受けて計画的に啓発する

OJT（職務を通じての研修）
職場の上司や先輩職員が、職務を通じてまたは職務と関連させながら、部下や後輩職員を指導・育成する。 ⇒上司・先輩職員の指導を受け、実践を通じて学ぶ

（著者作成）

OJTによる後輩職員の 指導に取り組む

1 後輩職員指導の役割を担う

　中堅職員は、後輩職員や初任者に対する指導・支援の役割を担うことになる。そうした役割は業務遂行やサービス実践の場で行うものであり、OJTが基本となる。

◉**初任者に対する指導**：それぞれの法人・事業所において個別指導の体制や仕組みを整えているところも少なくない。「チューター」「エルダー」「プリセプター」「メンター」「サポーター」等、名称はさまざまであるが、いずれも初任者に対するOJTをきめ細かく行い、早期の戦力化とモチベーションの向上、定着の促進等をねらいとする仕組みである。

　中堅職員は、こうした仕組みのなかで初任者指導のOJTリーダーに指名されることを想定しておき、その役割を適切に遂行し、組織の期待、初任者の期待に応えていかなければならない。

◉**業務遂行やサービス実践のプロセスで行うOJT**：「教える」「見習わせる」「経験させる」「動機づける」等、さまざまな方法がある。一人ひとりの職員の成熟度や研修ニーズによって指導方法は異なるが、経験の浅い初任者に対しては、習得事項を明確にし、ステップ・バイ・ステップで基本事項をしっかり徹底していくことが大切である。

2 「仕事の教え方４段階」に留意する

　人は経験を通じて学ぶ存在であるから、仕事を与え、経験をさせることで必要事項を身につけていくことができるものである。しかし、「見よう見まねで、経験をさせる」だけでは、組織のなかで培ってきた標準的な業務の進め方やノウハウを伝承することは難しい。

　初任者の自主性や自発性を尊重することは大切であるが、「基本は厳しく」徹底し、「我流」の仕事ぶりが身につかないよう指導していくことが望まれる。厳しいなかでも良質な経験をさせていくことが、初任者指導には必要である。

◉**仕事の教え方４段階**：初任者等、初めて仕事を担当することになった職員に対する指導法の原則である（**図表４－６**）。実際の職場では、第1段階や第2段階を省略し、第3段階の①「やらせてみて、間違いを直す」という指導が少なくない。しかし、それでは、指導を受ける職員は不安なまま仕事をすることになるし、指導する側も正しい仕事の進め方を伝えにくくなる。第1段階では、特に②③④を確実に実施しておきたい。仕事の習得に対する「心の準備（レディネス）」を形成することが大切である。その際には、専門職養成の方法であるスーパービジョンを用いることが有効である。スーパービジョンによって職員の気づきを促し、自覚的に成長しようとする意欲を高めることができる。第2段階では、仕事のステップと急所（勘所）をしっかり説明することが大切である。第2段階で仕事のステップと急所の説明をしているので、第3段階の②や③の確認が有効になってくると理解しておきたい。第4段階では習熟度に応じて徐々に自主性や自発性を培っていくことが大切である。

　後輩職員の指導の姿勢や心構えとしては、**図表４－７**に示したような点に留意しておきたい。指導の経験を積むことによって、自身の成長にもつながるものと受け止めることが大切である。

3 初任者に対するOJTリーダーの役割を担う

初任者に対する指導は、経験や年齢階層が近い中堅職員が指導したほうが効果的である場合が多い。そこで、同じ職場の中堅職員を専任のOJTリーダーに指名し、一定期間マン・ツー・マンで指導していくというものである。

OJTリーダーはコーチ役として通常次のような役割を担うことになる。
■初任者を職場生活になじませ、スムーズに適応させる
■職務に必要な能力や基本動作を徹底する
■初任者の気持ちを受け止め、日常的に相談にのる
■初任者指導について、職場全体の協力を引き出す
■指導内容について、職場の上司に相談し、そのプロセスや結果を報告する

さらに、指導体験を通じて、指導する側の中堅職員自身がさまざまな気づきや学びを深めることも期待されるところである。

●図表4-6 「仕事の教え方」4段階

第1段階	習う準備をさせる	①気楽にさせる、②何の仕事をやるかを話す、③その仕事について知っている程度を確かめる、④その仕事を覚えたい気持ちにさせる、⑤正しい位置につかせる
第2段階	仕事内容を説明する	①主なステップをひとつずつ言って聞かせて、やってみせて、書いてみせる、②急所を強調する、③はっきりと、抜かりなく、根気よく、理解する能力以上は強いない
第3段階	実際にやらせてみる	①やらせながら、間違いを直す、②やらせながら、説明させる、③もう一度やらせながら、急所を言わせる、④わかったとわかるまで確かめる
第4段階	教えた後を見る	①仕事につかせる、②わからない時に聞く人を決めておく、③たびたび調べる、④質問するように仕向ける、⑤だんだん指導を減らしていく

(Training Within Industry for Supervisors (監督者のための企業内訓練)「仕事の教え方4段階」を参考に著者作成)

●図表4-7 後輩職員や初任者に対する指導の基本姿勢

①	信頼を勝ち取る	④	毎日一度は声をかける
②	権威を振りかざさない	⑤	個人的な面にも関心をもつ
③	約束は必ず守る	⑥	上司への報告を定期的に行う

(著者作成)

自己啓発・相互啓発の効果的な進め方

1 ポジティブ思考で物事に取り組む

　自己啓発や相互啓発は、誰かから強要されたり、義務づけられたりするものではなく、職員自身の自覚によって取り組む活動であり、あくまでも自律的な意思に基づいて行うものである。そのため意思や意欲を高め、継続していかなければ成果を得ることができない。

　また、日常の業務遂行やサービス実践において倦怠感や停滞感等のネガティブな思いに陥ってしまうと、啓発意欲をもたなければという考えがあっても意欲を喚起することができなくなってしまう。

◉**ポジティブ思考への転換**：落ち込んでいたのでは悪循環に陥るだけであり、次の展望を開いたり目標をもつことができない。こうした場合には、ネガティブ思考をポジティブ思考に転換し、自己認知を行ってみることをすすめたい。

　図表4－8は、「ポジティブ思考」で自己認知を進めるためのひとつの例である。

　1枚のカードをイメージしてみるとよい。カードの表裏には、ネガティブな面とポジティブに受け止めることができる面がある。このように、同じカードが見方によって変わると考えれば、ポジティブな持ち味に着目することによって発想転換が可能になり、自己肯定感が促進され、意欲の開発にもつながることになる。

　ある著名な経営学者は、人材マネジメントについて次のように述べている。組織の人材マネジメントの「あるべき姿」を説いているものであるが、一人ひとりの職員にとっても、自己の「強み」や「持ち味」を生かし（伸ばし）、組織活動やサービスの向上に貢献していくという発想をもつことが重要である。

　「人のマネジメントとは、人の強みを発揮させることである。（中略）人は弱い。悲しいほどに弱い。問題を起こす。手続きや雑事を必要とする。しかし人は、それらのことのゆえに雇うのではない。人を雇うのは強みのゆえであり、能力のゆえである。（中略）組織の機能は、人の強みを生産に結びつけ、人の弱みを中和することである」[1]

　1）P.F.ドラッカー、上田惇生訳『マネジメント〔上〕』ダイヤモンド社、2008年、347頁

2 自己啓発・相互啓発の機会と取り組み方を知る

　自己啓発、相互啓発の機会と取り組みにあたっては、次のような点に留意しておきたい。

■**個人学習、研究活動を計画的に推進する**：自分で目標をもち、計画を立てて取り組むことがポイントとなる。
■**外部研修会、研究集会等に参画する**：自主的に研修会や研究集会に参加する。
■**専門資格取得に積極的に取り組む**：現状に満足せず、さらなる新たな専門資格取得を目指す。
■**自主的勉強会、学習サークルに参加する（組織化する）**：同じ問題や関心、テーマについて、職場内外の仲間とグループをつくって相互に学習し合う場を設け、学ぶ。
■情報交流会、その他ひろく職場内外、同職種、異職種間で情報を交換し、人的ネットワークを広げる機会をもつ。

3 コンピテンシー（実践能力）を高める

　自己啓発や相互啓発の目的は、実践能力を高めることである。実践能力があり、活動の成果に貢献できる能力のことを、一般に「コンピテンシー」と呼んでいる。コンピテンシーの高い人の特徴は、**図表4－9**に示したような3つの特徴であるといわれる。

　また、コンピテンシーは、啓発可能なものであるので、中堅職員としての自己啓発、相互啓発の指針にしてほしい。

●図表4－8　「持ち味」を活用するためのポジティブシンキング法（例示）

対人関係における自分の傾向 ➡ 他の解釈（ポジティブシンキング）

「持ち味」カードの裏	「持ち味」カードの表
① 優柔不断	① 慎重
② 短気	② 決断が早い
③ すぐあきらめる	③ 発想の転換が早い
④ 余裕がない	④ まじめで一生懸命である
⑤ 融通がきかない	⑤ 原則的である
⑥ 自信がない	⑥ 謙虚である
⑦ 自己主張ができない	⑦ 他者の意見をよく聴く
⑧ 話をするのが苦手	⑧ 聞き上手
⑨ 相手に合わせられない	⑨ 自分の主張をもっている
「個性（持ち味）」の限界	「個性（持ち味）」の有効性

（著者作成）

●図表4－9　コンピテンシーの開発を目指す

コンピテンシーの高い人の特徴

・目指すべき方向や目標を明確にイメージし、そこに至るシナリオがある
・その目標やシナリオを実現するための技術的能力と対人関係能力をもっている
・もっているだけではなく、それを行動に移している

コンピテンシーを高めるために

「視野の拡充」を図る
・自分の専門領域や仕事に関する技術やテーマの動向に関心をもつ

「視点の転換」を図る
・周囲の人が自分に何を期待しているかをよく考慮して仕事をすすめる

「意図的行動習慣」を身につける
・常に効果的な行動の探索をし、意図的行動習慣を実行する

「意識化習慣」を身につける
・経験を振り返り（成功の方程式・失敗の要因）、フィードバックを受容する
・他者（ロールモデル）の経験を取り入れる

（古川久敬『チームマネジメント』日本経済新聞出版社、2004年を参考に著者作成）

中堅職員としての能力開発

　以下の内容は、『福祉職員キャリアパス対応生涯研修課程テキスト』〔初任者編〕の第4章のポイントを抜粋したものです。

1 福祉サービスの担い手に求められる能力【初任者編・第4章第1節】

■福祉職員には、専門性と組織性の両面を実践できる能力が求められる。
　専門性……専門技術の習得と向上
　組織性……組織やチームの一員としての適切な役割行動

2 能力開発の心得【初任者編・第4章第1節】

■福祉サービスが多様化、高度化するなかで、福祉職員が社会の要請に応えるためには、主体的に自己の能力を高める努力をする必要がある。

《自己能力の開発をすすめる4つの心得》

1	継続は力なり:毎日の小さな積み重ねが将来の大きな資源を生む
2	自己責任:能力を伸ばし自分の将来を築くのは自らの責任である
3	真の専門家であれ:真の専門家とは、広く深い能力をもつものである
4	願望は実現する:目標は生きるエネルギーであり、糧である

（著者作成）

3 職務行動〔サービス実践〕【初任者編・第4章第2節】

■職務行動（サービス実践）は3つの能力によって支えられている。

《行動を支える3つの能力/能力と行動のメカニズム》

価値観・態度	価値観、倫理観、思いや意欲	「やる気」を支える能力
知識・情報	相手や業務内容の理解	「わかる」を支える能力
技術・技能	実務的な技術、技能、ノウハウ	「できる」を支える能力

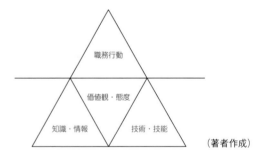

（著者作成）

4 キャリア段階に応じて求められる能力（スキル）【初任者編・第4章第3節】

■以下のスキルには、各階層によって、組織内の立場や職務から特に期待されるレベルがある。

求められるスキル	内　　容	期待されるキャリア
テクニカル・スキル	・実務的業務を遂行するために必要な知識・技術 ・固有の専門性や組織性に関する知識・技術	初任者から中堅職員層までに特に必要な能力
ヒューマン・スキル	・コミュニケーション能力 ・対人関係形成能力 ・チームワーク力	初任者から管理職員層までに幅広く求められる能力
コンセプチュアル・スキル	・概念化や総合的判断能力 （全体を見渡し、全体の最適化を図りながら効果的な意思決定を下していく能力）	特に、人や手段のマネジメントを行う立場の者に重要な能力

（著者作成）

5 自己啓発と相互啓発 【初任者編・第4章第5節】

■職員が自主的に能力開発に取り組むことを「自己啓発」という。自己啓発を職場内外の仲間とともに取り組むのが相互啓発である。

■相互啓発は、メンバー間の刺激や励まし合いによって、継続性や意欲の向上を生み出すという特徴がある。

《自己啓発と成長の仕組み》

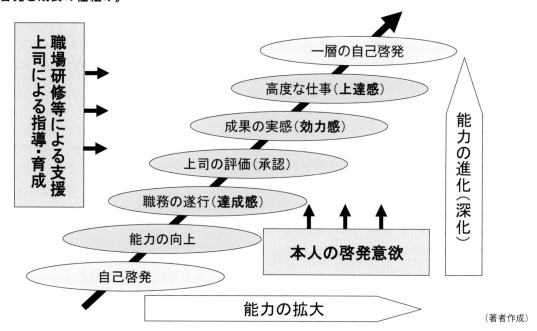

(著者作成)

《自己啓発・相互啓発の類型と取り組みにあたってのポイント》

	自己啓発・相互啓発の形態	取り組みポイント
1	個人学習、研究活動	自分の自由時間を使って、自分の学びたいテーマを自主的に学習していく活動。自分で目標をもち、計画を立てて取り組むことがポイントとなる。
2	外部研修会・研究集会への参加	日頃の業務の見直し、新しい知識や情報の収集を図るために、自主的に研修会や研究集会に参加する。その場合、上司に報告し、支援してもらうことも可能である。
3	資格取得講座の受講	現状に満足することなく、さらなる資格取得を目指すことは、職務上必要であるとともに、自己実現の手段でもある。目標に向かって学習スケジュールを立て、計画的に取り組むことがポイントとなる。学習方法としては、通信教育という方法も有効である。
4	自主的勉強会、学習サークルへの参加	共通の課題やテーマについて、職場内外の仲間とグループをつくって相互に学習し合う場を設け、学んでいく方法である。テーマの設定や学習方法（文献を読み合う、事例をもち寄る、講師を迎えるなど）、会の運営方法などを自主的に決め、運営も自分たちで担っていくことが必要である。
5	情報交流会、その他	広く職場内外、同職種、異職種間で情報を交換したり、人的ネットワークを広げる機会をもつこと。あらゆることにアンテナを広げておくことが大切である。

(著者作成)

研修好きと研修嫌い

　研修形態のひとつであるOFF-JTは、職務を離れて職場内・外で行う職員研修の形態であることは先に述べたとおりである。

　ところで、あなたの職場では、さまざまな研修に積極的に出向く「研修好き」な職員と、「研修に行くよりも利用者との時間を優先したい」などという理由で、なかなか研修に出たがらない「研修嫌い」な職員がいないだろうか？

➡　「研修嫌い」の職員の「利用者との時間を優先する」という理由が、研修を忌避する方便でしかないのはいうまでもない。もし、利用者との関係を本当に優先するというのであれば、その関係のレベルを高め、サービスの質を向上させるために、研修は積極的に受けるべきだろう。いつまでたっても同じような水準でしかサービス提供ができないとすれば、「長い継続的な関わり」も、マイナスでしかないだろう。

➡　しかし、「研修好き」といわれる職員にも、問題提起をしておきたい。

➡　OFF-JTは、「職務命令により、一定期間日常業務を離れて行う」研修であり、職務命令で行われるものであるから、法人・事業所としては、必要不可欠な課題について職場内で実施し、外部研修への派遣を行うことになる。職場が職員を研修に派遣する場合、職務として研修受講費はもちろん、交通費や宿泊費、時には交流会費などの必要経費も支出するケース、職務免除で必要な経費の一部を補助するケース、経費補助はなく職務だけを免除するケース、経費補助もなく職務時間外に参加を認めるケースなど、さまざまな派遣形態がある。

➡　いずれにしても、職場が職員を研修に派遣する場合には、それが個人の成長だけではなく、その成果が職務を通して職場全体の成果として反映されることを期待している。そのためには、研修に参加した職員は、研修成果をどのように職場に持ち帰り、その成果を業務に生かしていくかということが課題となるだろう。「研修後」が問われるゆえんである。

➡　さまざまな研修に積極的に参加している職員に対して、職場はその成果を積極的に還元することを求め、活用しなければならない。単に個人的に「好き」で研修に出ているのでも、経費をむだに使っているのでもないことを、職場全体として明確にしよう。

➡　それとともに、「研修嫌い」といって、研修に出たがらない職員に対しては、他の職員の研修成果から学ぶだけではなく、自身もその場に出向き、自分の成長を図る必要があると自覚するよう促したい。

業務課題の解決と実践研究

現在起きている問題を解決し、後輩職員をリードして取り組む

目　標

◉中堅職員とは、初任者の果たすべき役割を一通り習得した段階に入った職員のことをいう。介護職の初任者は、食事や排泄、入浴等の介助の知識を「知り」、利用者に合った形で「できる」ことが、求められる役割であり、目標になっていたであろう。

◉中堅職員とは、日常業務についての知識や技術を身につけ、利用者や業務の場面に合った方法で実行できるレベルに達していることが期待されている。つまり、ある程度の年数を経験すれば自動的に「中堅職員」になれるわけではない。中堅職員には、経験を生かして仕事が「できる」状態から1段階上ることが期待されている。このためには、自覚的（自分をしっかり見つめ）・自律的（自分をコントロールする）に行動できるよう努力することが求められる。

◉職場の問題解決にあたっても、決められたことが「できる」段階から、利用者一人ひとりに寄り添った姿勢で問題を把握でき、「あるべき姿」を明確に意識して、目標を設定し、解決策を実行できる力が中堅職員には求められる。

◉第5章では、毎日の仕事のなかで「なぜ？」を繰り返し、問題を正確に把握し、後輩職員を導きながら、自らも「プロ」として成長していくための学びを行う。

◉問題を自ら見つけ解決に加わることは、与えられたことが「できる」状態に比べ、より大きな達成感を得ることができるだろう。福祉のプロとして自信をもって、働きつづけるステップとしてほしい。

構　成

❶ クオリティ・マネジメントの必要性を理解する
❷ サービス提供における問題の発見
❸ 業務上の課題の発見と分析の方法を理解する
❹ 問題の課題化を通じて後輩職員を成長させる
❺ 実践研究の意義を知り研究方法を身につける

☕ ＊ティータイム＊ ……………………………………………… 問題解決のためのヒント

1 クオリティ・マネジメントの必要性を理解する

1 クオリティ・マネジメントとは何かを理解する

クオリティ・マネジメントとは、一般的に製品やサービスの品質を保つため、品質の目標を設定し、それを実現するための計画を立てて実行し、検証・改善をしていく一連の流れをいう。品質の向上を目指して組織全体で継続的に取り組むものである。

福祉サービスにおけるクオリティ・マネジメントの始まりは、毎日の仕事のなかにある。「利用者のためによいケアをしたい」「サービスの質を上げながら、効率的な仕事をするやり方はないだろうか」「むだが多いのではないだろうか」等々、業務をしながら問題を感じることは常にあり、問題を感じたときには、それを解決したいと思うだろう。

●「気づき」からの「意欲」を「改善」へ：忙しい業務のなかで、ともすれば「面倒くさい」「時間がない」……と思い、問題をそのままにしてしまうこともあるだろう。これでは、問題が放置され、せっかくの「気づき」が問題解決につながらないことになる。「気づき」によって生じた「意欲」を「改善」の方向に向けていく努力の過程（プロセス）がクオリティ・マネジメントの働きにほかならないのである。

●PDCAサイクル：「気づき」から生じた意欲を、「改善」の方向につなげていくためには、PDCAサイクルを実行することが重要である。なぜ問題が起きるのか、「あるべき姿」とのギャップ（ズレ）は何なのかについて考え、解決策を検討し計画（P）をつくる。そして計画にそって実行（D）してみる。実行の途中で評価（C）を行う。評価した結果「あるべき姿」に近づいているのかどうかがわかる。近づいていれば、計画は間違っていなかったことになる。もし失敗したとしても、評価を行うことによって本当のギャップが見えてくることになり、新たな計画づくりにつながる（A）。PDCAサイクルを何度も実行することによって、サービスの質は絶え間なく、らせん階段のように向上する方向に向かう。

PDCAサイクルによって業務手順が明確になれば、その手順はスタンダードになる。スタンダードを基準にルーティン業務に取り組むことは、後輩職員を指導するうえでも有効である。

2 クオリティ・マネジメントの特性を理解する

製造業においては、生産と消費が分かれているのが通常である。顧客と製造者とは製品でつながっているだけであって、顧客は製品がつくられる場所やその工程に立ち合ったり、従業員と顔を合わせたりすることはない。これに対して、福祉サービスなどの対人サービス業では、利用者（顧客）は、自身の居る場所でサービスを提供され（生産と消費が同時進行）、サービス提供過程において両者が直接ふれあうという特性がある。

●福祉サービスの評価・品質の特性：製造業の場合は製品という結果で評価されるのに対し、福祉サービスの評価は、サービスの結果と共に、提供の過程も評価の対象になる。入浴介助というサービスを例にあげれば、サービスの結果、身体がきれいになるだけで満足が生まれるのではなく、入浴の過程にも快適さが求められるといえば理解しやすいだろう。

また、製造業でつくられる製品は、品質をそろえることが比較的容易にできるが、福祉サービ

スでは、サービスを提供する「人」によって品質が左右されるという特性がある。

●**サービスの質の自己管理の重要性**：訪問介護では、1人で利用者宅を訪れ、その場でサービスが提供される。施設においても個室化が進み、サービス提供の過程が見えにくくなっている。こうした状況が進むなかで、一人ひとりの職員が提供するサービスの質を自ら管理することは今まで以上に重要になっているといえる。

●図表5-1 「気づき」や「意欲」を放置しない

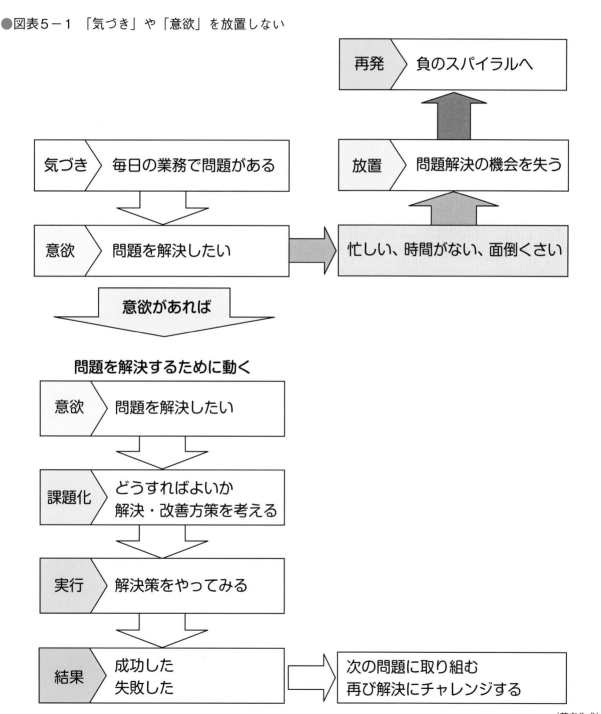

（著者作成）

サービス提供における 問題の発見

1 サービスの質の向上を図り、初任者を指導する

　私たちが、日常生活においてサービスを利用するときは、サービスの内容、イメージ、価格などに基づいてサービスを選択する。そのとき大切なことは、「この店のサービスであれば大丈夫だろう」という期待に応えてくれることから生じる信頼感だ。福祉サービスも、利用者や家族が期待するサービスを提供することによって信頼を得ることができる。利用者などの期待とは、サービスの快適性や安全性、事業所や職員への信頼感など幅広いものである。

●**サービスの質を向上させる仕組み**：期待に応えたサービスを提供していても、利用者の期待はさらに高まることが通常であり、サービスの質を上げていかないと満足を継続することはできない。利用者に選ばれるサービスを提供し続けるためには、クオリティ（質）を維持し向上させ続ける仕組み（システム）が必要である。

●**クオリティ向上の視点に立った初任者の指導**：福祉のニーズは急激に拡大している。どの職場においても多くの初任者が加わり続けているだろう。そのなかには、専門教育を受けていない者が含まれている場合もある。一通りの業務をこなすことができるようになった中堅職員は、仕事の最前線で初任者と共に業務にあたりながら、先輩として仕事を教えチェックしなければならない。漫然と時を過ごすのではなく、クオリティを高める視点で初任者を観察し、模範となる働きをしなければならない。大変だけれども、がんばってほしい。

●**SDCAサイクル**：そのためには、初任者と共に業務にあたりながら、仕事の意味（目標）や計画、業務標準を初任者に理解させ、それにそって仕事ができるよう意識して関わらなければならない。SDCAサイクルを理解して、先輩職員として初任者を導くよう心がけてもらいたい。

2 自ら問題を発見し、解決策を提案・推進する

　問題とは、「よりよいサービスを提供していくうえで解決しなければならない事柄」ということができ、「あるべき姿」と「実際の姿」とのギャップ（ズレ）である。福祉サービスが提供される現場で、中堅職員に期待されるレベルは、担当する業務を自律的（自分でコントロールする）に遂行できることだ。自ら問題を発見し、解決策を提案・推進できるようにしたいものである。

●**問題の発見と解決策を見つける**：中堅職員とは、ルーティン業務は確実に行えるレベルに達していて、後輩職員を指導する役割を果たす立場である。したがって、期待される問題解決能力として、いま起きている問題（発生型問題）を解決する能力をもち、さらに未達成や逸脱などを未然に防ぐこと、目標達成のためにチャレンジすること（設定型問題解決）が求められる（**図表5−2参照**）。

　福祉の仕事では、直接提供されるサービスの背後に存在する、社会的・家庭的・経済的な問題を理解することも求められている。ケアなどのサービスを提供する際に既知である問題を解決するだけではなく、利用者を全人的に理解し直接求められているサービスの背景も理解できるようにしなければならない。

3 当事者意識を持って問題と向き合う

　職場には解決すべき問題がつまっている。問題を問題として捉えられるか、後輩職員を指導しながら問題を感じとれるかどうかは、「当事者」としての意識をもつことができるかどうかに関わっている。業務上で起きる同じ事柄を見ても、意識のあり方によって問題意識は異なる。「ルールどおりにやっているのだから問題はない」と考える場合と、「もっとよい方法があるのでは？」「手順どおりにやっているのに喜んでもらえないのはなぜ？」「このままのやり方でいいのか？」などと意識する場合との違いである。

● **当事者意識をもって問題を捉える**：「評論家」や「傍観者」になるのではなく、問題を主体的に捉え、当事者意識をもって解決に結びつける姿勢が望まれる。
　　職場に存在する問題はさまざまである。サービスのレベルが維持できず、放置すれば質が低下したり事故につながったりする問題もある。どの職場でも、サービスを維持・向上させていくための問題が存在するといえる。中堅職員は、業務の結果と過程のなかから問題を発見し、事実に即して分析し、解決策を見つける力をつけるようにしよう。

● **組織的・合理的な問題解決へ**：問題は、経験や勘に頼っているだけでは解決につながらない。もちろん、中堅職員としての経験と、経験によって養われた勘が問題解決の糸口になることはあるだろう。しかし、経験や勘だけに頼っていたのでは、真の問題解決はできず、組織としての取り組みにもなり得ない。組織的・合理的な問題解決のためには、感じたことを事実に基づいて分析し、理解を深めることが大切である。解決の糸口となる事実は、サービスの過程のなかにある。利用者との接点の一つひとつのなかに、問題解決の糸口となる「真実の瞬間」がある。ここでいう「接点」とは、直接的なケアの場面に限ったものではない。調理や請求書の作成など間接的な部門においても、料理や書類というものを通じて接点が存在する。

● **起こった事実に向き合う**：「このように実行しようとしていた」とか「誰かが言っていたから」は事実ではない。「実際に起こったこと」に正面から向き合うことが大切である。具体的にどのような問題が起こっているのか、なぜそのような問題が起きてしまうのか、事実にとことん向き合う姿勢が求められる。事実には、「現時点の状態」だけでなく、これまでの取り組みの経緯、目標に対する達成度合いなども含まれる。

● 図表5−2　問題の種類と中堅職員の役割

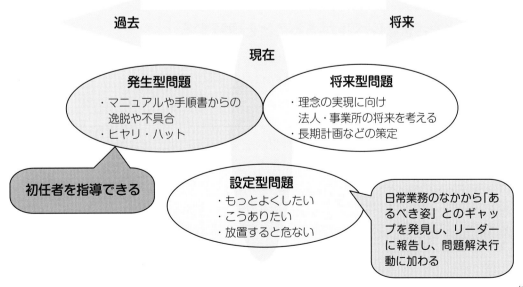

（著者作成）

業務上の課題の発見と
分析の方法を理解する

1 問題の解決策を考えて「課題」にする

　問題を問題のまま放置しておいたのでは、解決につながらない。問題の発見から解決策を考え、実行に移す計画を作成し、組織として取り組むまでのプロセスを重視して解決をしなければならない。解決策と実行計画をつくり、組織として取り組むことを表明することを、「問題」を「課題」にすること（課題化）という。

●**解決のためのステップ**：問題を見つけ、業務の改善につなげるためには、解決のためのステップを踏まなければならない。問題を感じたら、まず事実を把握し、「あるべき姿」に照らして診断し、事実をもとに「あるべき姿」と「実際の姿」とのギャップ（ズレ）を「はかる」ことが重要である。

●**「はかる」「つける」「つくる」**：ギャップを「はかる」ことによって、問題の主要な要因を見極め、ねらいを「つける」ことができる。「はかる」「つける」のステップを踏み、その後に解決策を「つくる」ことができる。問題を感じていきなり解決策を「つくる」行動に入ったのでは、その場限りの対症療法的な対応に終わってしまい、さらに問題を複雑化することになりかねない。仮に、経験や勘に頼って問題が解決できたように見えても、その「解決策」は蓄積できず、同じ問題を繰り返すことになりかねない。

●**再発防止やサービス向上の視点からの解決策を**：解決策を考える際には、再発防止やサービス向上の視点をもつことが重要である。法人・事業所の理念・目的から導き出される「あるべき姿」に近づくためには、どのような解決策が求められているのかを、策定の基準にして考えよう。複数の解決策を立案して、代替案をあらかじめ検討しておくこともよい方法である。一つひとつの問題を解決することは大切なことだが、問題の解決策をつくり実行する（＝「課題」にしていく）プロセスが確実に行われることも、一人ひとりの職員や組織の力を高めることにつながる。

2 問題にはさまざまなレベルがあることを理解する

　問題には、すぐ解決できるものから、解決に至るまで複雑な段階を必要とするものまで、難易度によるレベルがある。ギャップが小さく、「困った」「どうしてだろう？」と感じたときにすぐ解決できる問題もあれば、ギャップが大きく解決までに時間がかかる問題もある。

　難易度の低い問題は、「問題」と認識せずに日常の業務のなかで解決されていることが多い。中堅職員が、初任者から業務について報告や相談を受け、その場で解決策を指示することや、一緒に仕事をしながら手順を確認させたりコミュニケーションの方法などについて教えたりすることで日常的に解決しているのだ。「問題解決」と意識しないで日常的に行われていることも多い。例えば、入浴介助の際に利用者をひとりきりにしてしまうという問題は、タオルや着替えの準備ができていないのが原因であれば、「事前の準備を決まった手順どおりに手配しておこう」と、その場で解決できるだろう。

　これに対し、解決が難しい問題とは、その場で解決ができず、解決の見通しを立てるまでに時間を要し、ステップを踏んでいかなければ解決に至らないものである。

3 事実を正確につかむ

　問題のもととなる事実は現場にあるが、問題の捉え方は人によってそれぞれ異なる。現在起きている問題について、周囲から指摘される前に自分で問題を見つけられるようにしよう。問題を見つけ課題化するためには、事実を正確に把握しなければならないし、事実を見る目を養わなければならない。

◉**事実をつかむためのポイント**：事実を立体的に見ることが重要である。第1は「現場重視」である。問題の起こっている現場に行き、現状を見ることが大切だ。第2に、問題が発生した現状から事実をさかのぼる「時間軸」の視点をもつことが重要である。現場での大きな問題発生には、事前に予兆があることが多い。過去に同様の問題は発生していなかったのか、ヒヤリ・ハットを見逃してはいなかっただろうか……といった姿勢である。第3に、周囲に惑わされず、さまざまな情報のなかから問題を引き起こしている事実を見つけ出す姿勢である。「なぜ」「どうして」を繰り返しながら、多くの情報のなかから「本当の事実（真因）」を見つけなければならない。

◉**６Ｗ２Ｈ**：「実事求是」という言葉がある。事実に基づいて、物事の真相・真理を求めたずねることであり、先入観をもたず、風説にも惑わされることなく、真実を求めようとする姿勢をいう。福祉サービスに限らず業務の担い手は、「よかれ」と思ってサービスを提供しているが、業務の受け手（利用者）の視点から業務を見つめ直すことで本当の姿が見えてくる。「待たされたくない」「丁寧にケアしてほしい」「間違いのないようにしてほしい」などといった利用者の要望にそっているかどうか、６Ｗ２Ｈに基づき具体的に把握するように行動することで、事実を「つかむ」力が養われるだろう（**図表５−３**参照）。

●図表５−３　６Ｗ２Ｈで事実を把握する

６Ｗ２Ｈ		チェックする内容の例
Why	なぜ、何のために	業務は目的にそって行われたか 職員の業務の目的や理由の理解は十分だったか
Who	誰が	それぞれが、自分の役割を理解していたか
Whom	誰に	利用者中心の業務になっていたか 職員の都合で業務をこなしてはいなかったか
What	何を	業務の手順は職員に正確に理解され実行されていたか 業務標準や手順書に問題はなかったか
Where	どこで	業務を行う場所は適切であったか
When	いつ	事前の準備や手配はできていたか 時期、時間を意識し開始時刻や業務時間は守られたか
How	どのように	方法や手段を理解して業務をしていたか 業務のプロセスは正確で利用者は快適だったか
How much	どのくらい	提供したサービスは費用に見合っているか むだはなかったか

（著者作成）

問題の課題化を通じて 後輩職員を成長させる

1 問題発見の視点を常にもち、後輩職員を育成する

　中堅職員の果たすべき役割のなかに、後輩職員の育成がある。初任者にとって、業務の最前線で共に働く中堅職員の存在は大変大きい。中堅職員は初任者と接する時間が長く、日常業務の手本にしたり、相談にのったりすることが多い立場にあるからである。

●**問題発見の視点**：問題がない職場はない、問題が見えないことが問題である、という考えに立ち、一つひとつの業務を正しく確実に遂行できるよう、最前線で自らも業務遂行にあたりながら、問題発見の視点を常にもち続けることが必要である。例えば、一つひとつの業務の終わりに「利用者さんの反応はどうだった？」と声をかけることで、後輩職員の気づきをうながし、問題の早期発見につなげることができる。

2 後輩職員の問題解決意識を高める

　仕事の振り返りを通じて、後輩職員の問題解決意識を高める姿勢が求められる。決められた仕事の目的や手順を正確に教え、共に業務に携わりながら、業務のやり方が手順どおり行われているかチェックし、問題があれば解決のための援助を行う。初任者は、業務の仕方や利用者・家族との関係づくりを上手にできないことがよくある。決められた仕事の目的や手順を理解できるよう初任者を励ましながら、業務遂行上の問題は何なのかを伝えてサポートしていく関わりを、意識的に行うことが重要である。初任者がルーティン業務に対応できるよう援助する姿勢が、中堅職員には常に求められる。

　また、現場で起きる未達成・逸脱・紛失・苦情など、対応が求められる問題については、できる範囲ですぐに行動を起こして応急措置を行い、業務の復旧・修復を図る役割も中堅職員にはある。

3 問題を分析する力を身につける

　職場は解決すべき問題の集合体といわれる。職場での問題を見逃さず、分析する力をつけることが重要である。職場で起きている問題には通常、複数の原因が含まれている。問題を発見しても分析をせずにすぐ対応策を立てたのでは、真の問題解決に至らないことが多い。

　問題とは「あるべき姿」と実際の姿とのギャップ（ズレ）である。ギャップを「はかる」ためには、その「中身」を知らなければ解決に結びつかない。ギャップを分析することが大切な作業であり、そのもととなる事実は現場にある。

●**問題点の書き出し**：問題を分析するにはさまざまな方法があるが、まずは問題点を書き出すことから始めよう。カードや付箋などに書き込み、整理していく。整理するとさらに新しい解決すべき問題が見えてくることが多い。
●**整理・分析**：現状を書き出した後は、発生順に並べて手順書（マニュアル）との違いを比べてみたり、職員の関わり方といったソフト面と構造・設備などのハード面に分けてみたりなど、全体の流れを見ながら分類整理してみるとよい。現状を書き出し、整理・分析していくことで、さらに別の問題点が発見できることも多いだろう。

●図表5-4　問題を書き出し、整理・分析する（参考例）

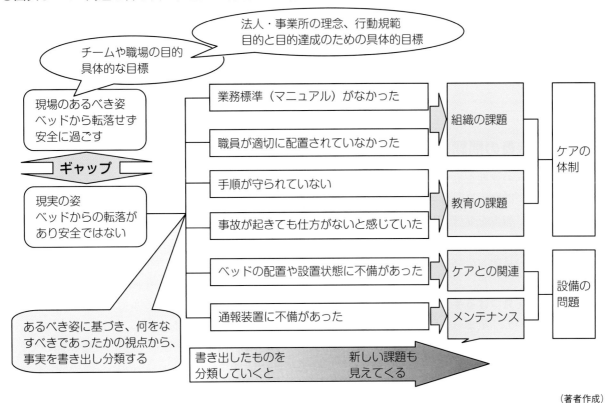

（著者作成）

●図表5-5　期待される問題解決への取り組み

初任者	・上司や先輩職員からの具体的な指示・指導を受け、指導されながら担当する業務を遂行する ・マニュアルや手順書から逸脱して起きる問題は応急的に解決できる ・決められた業務と自己の行う実際の業務とのギャップをつかみ、解決する
初任者から 中堅職員	・決められた業務をマニュアルや手順書にそって担当業務を遂行する ・上司や先輩職員からの指示・指導を受けて逸脱問題について原因究明と再発防止策を考え実行できる
中堅職員	・担当する業務を自律的に遂行できる ・現在の問題については、自ら問題を発見して解決策を策定する ・過去の問題についても、気づきや問題解決につながる提案等ができる
チーム リーダー	・あるべき姿を設定して達成に向かう設定型問題解決に取り組むことができる ・部下や後輩の指導を行うとともに、管理職員を補佐し、職場や法人の課題についても考えることができる
管理職員	・理念に基づき、法人・事業所の目標を明らかにし、責任をもつ ・職場の果たすべき役割と行動指針を策定し、挑戦目標を職員に示し、行程を管理できる ・問題の構造を整理し、組織として何をすべきか組織全体の方向を示す ・部下を指導して現在の問題を解決するとともに将来の問題も解決する ・問題解決のできる組織や仕組みをつくり、組織文化にする
上級管理者	・理念に基づき、法人・事業所に将来発生する問題を明確にする ・将来型問題を解決するために長期計画、行動指針を策定し、職員に示し、理解、実行させ、 　問題解決を通じて組織文化を醸成する

（著者作成）

実践研究の意義を知り 研究方法を身につける

1 後輩職員の問題認識の感度を高める

　問題への感度を高めておかないと、問題を見過ごすことになりかねない。初任者や後輩職員のなかには、問題を見つけることが苦手な者もいるであろう。同じ現場で長時間接することの多い中堅職員は、報告を受けたり質問をしたりすることを通じて、後輩職員らが意識できていない問題を見つけることができる立場にある。また、このような関わりを意識的に行うことは、中堅職員が自らの問題発見能力を高めることにもなるだろう。

◉**問題を見つける手がかり**：次のような例があげられる。それぞれのレベルで「あるべき姿」とズレていて「望ましい状態」に至っていないことから生じることである。
　■個人の技量などに起因するもの：業務遂行への不安、技術の不足、「福祉の仕事に向いていないのではないだろうか」という不安、残業が多いなどの不満。
　■職場内の問題：「職場のチームワークがとれていない」という不信、仕事の効率が悪い、改善しなければならないこと、などである。個人の問題としてあげたなかの「残業が多い」という不満は、職場の効率性の問題であることも多い。
　■法人・事業所の問題：「理念や経営方針がわからない」「どこまでがんばればよいかわからない」といった不満、介護に対する考え方や利用者の理解のズレである。こうしたことを放置すれば、法人・事業所や上司・同僚への不信につながる。

◉**問題発見への意識的援助**：不安や不信は、当人が気づいていなくても、解決すべき問題であることが多い。また人によっては「こんなことは問題ではないのではないか」と考え、発信しない場合もある。不足や不安、不満を、業務中や終了後の報告・連絡の際などに日常的に受け止めるようにし、後輩職員が自らの問題と捉えるように援助することが重要である。こうした関わりが、問題を発見し、解決の方向へ進めていくことにほかならない。中堅職員は自らの問題発見能力を高めると同時に、後輩職員の問題認識の感度が上がるような関わりを日常業務のなかでとれるよう努力してほしい。

2 実践研究に取り組み業務を改善・革新する

　この場合の「実践研究」とは「改善活動」を研究として捉え、取り組むことである。外部から命令されて行うものではなく、「利用者のために、もっとよいケアをしたい」「仕事の効率を上げたい（その結果、残業がなくなればよい）」などといった問題を、自分や自分が所属するチームや職場を単位に、自分のなかからわきあがってくる「内発的」な動機に基づいて「改善」に取り組むことが望ましい。

◉**改善と革新**：実践研究は、現状の仕事のやり方を改善することにとどまらない。改善とは「望ましくないところを改め、よくすること」であるが、実践研究は、習慣的に行われている仕事の方法や仕組みを変え、新しいサービスや仕事の仕組みをつくりだすこと（＝革新）も目指すべきである。「改善」とは、現在起きていることや放置しておけば起きてしまう問題の解決であり、「革新」とは将来を見据えた問題解決ともいえる。

3 実践研究を通じて問題を解決し達成感につなげる

　ここでいう実践研究とは、ルーティン業務をメンバー全員が正しく的確に行えるために、問題を一つひとつ解決していくことである。利用者のため、同時に自分たちのために、標準どおりにできていないことを改めることであり、この「改善」はその業務が行われている現場だからすぐ実行できることだ。

　ある老人ホームで、「天ぷらがおいしくない」という不満が利用者から寄せられた。調理の揚げ物担当チームは、周囲の意見を聞いたり、文献を調べたりしながら改善活動に取り組んだ。天ぷらを揚げるタイミングや盛りつけを工夫したところ、同じ材料でつくったものが「おいしい」と言われたそうだ。チームで改善する問題を明確にし、目標を定め、文献やアンケートなどで調査し、実行し、よい結果を出した。こうしたプロセスが重要であることがわかる。これは、立派な実践研究といってよいだろう。

　また、この実践研究は、苦労はしたが、問題を発見し解決のために工夫し、思いついたことに取り組み、その結果が周囲からの高い評価を受けることができた。改善過程の苦労は成し遂げると大きな達成感につながり、次のチャレンジへとメンバーを動かしたという。楽しく改善に取り組むことも問題解決を進めるうえで重要なことである（**図表5−7**参照）。

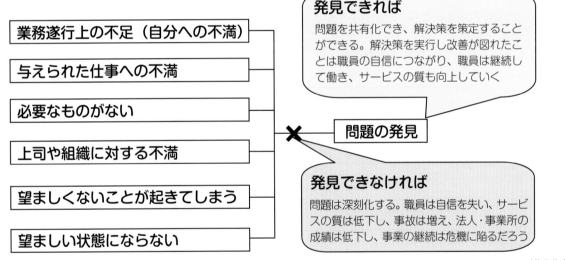

●図表5−6　現場から問題を拾い上げる

（著者作成）

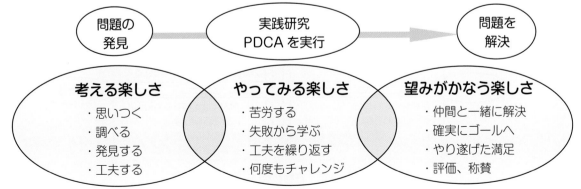

●図表5−7　実践研究（改善）は楽しく

（著者作成）

◤ 前巻までのポイント

業務課題の解決と実践研究

　　以下の内容は、『福祉職員キャリアパス対応生涯研修課程テキスト』〔初任者編〕の第5章のポイントを抜粋したものです。

1　福祉サービスの特性【初任者編・第5章第1節】

■サービス業のなかでも、福祉サービスには、より注目すべき特性がある。

《福祉サービスの特性》
　①ほしくて求める商品（サービス）ではないこと
　②情報の非対称性が存在すること
　③サービス需要の背後にある問題を捉えることが重要であること
　④共同指向的であること
　⑤公共性・継続性が強く要求されること

2　ホスピタリティ【初任者編・第5章第1節】

■ホスピタリティとは、「もてなす心」である。知識や技術はもちろん大切だが、もてなしの心で接し、利用者に満足（喜び）を感じてもらえることに重点が置かれている。

《ホスピタリティを高めて感動のサービスを提供する》

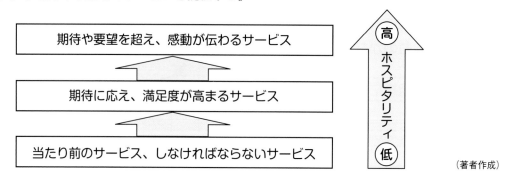

（著者作成）

3　問題の捉え方【初任者編・第5章第2節】

■問題の捉え方は、気持ちのもちようと行動によって異なる。

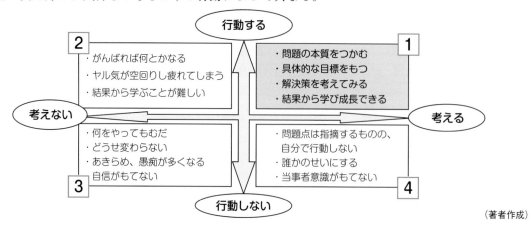

（著者作成）

76

4 「あるべき姿」と「実際の姿」のギャップを見つける【初任者編・第5章第2・4節】

■最初のあるべき姿は、「決められた方法で正しく仕事をすること」である。問題とは、実際と「あるべき姿」とのギャップ（ズレ）である。

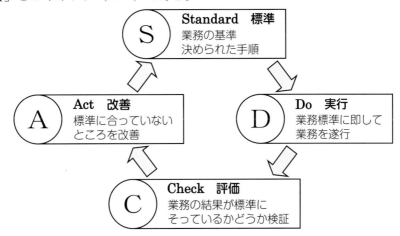

（著者作成）

《問題はあるべき姿と現状のギャップ（ズレ）から見えてくる》

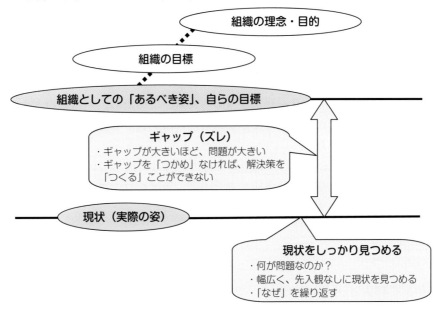

（著者作成）

5 問題の種類と初任者の役割【初任者編・第5章第3節】

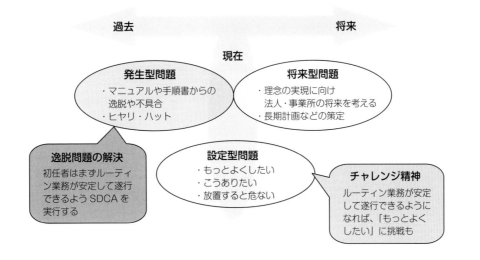

（著者作成）

問題解決のためのヒント

ヒント1 ··· 問題意識を欠かさない

➡ 同じ事柄に接しても、問題を感じない人と感じる人がいる。問題意識をもっているかどうかで、反応が異なるのである。問題を解決する人になるためには、問題意識をもち続けることが大切である。

➡ 問題意識を高めるための第1のポイントは、「固定した意識」を打ち破ること、つまり固定観念を捨て自由に考えることである。ものにはさまざまな側面があり、機能を固定して捉えたのでは、発想を広げられない。震災後の停電時に話題になり覚えている方もいるだろうが、油性フェルトペンを停電の際にローソクの代わりとした例もある（ただし、引火の危険もあるため、あくまで非常時に限る）。福祉でも同様のことがいえる。「認知症だから徘徊してもしょうがない」と固定した考えをもっていたのでは、ケアをよいものにする（革新する）ことはできない。

➡ 第2のポイントは、2つの「ソウゾウ（創造と想像）」性を豊かにすることである。「創造」とは、さまざまな情報を組み合わせて問題を解決し、新しい価値を生むこと（感動のサービスを提供すること）である。また、福祉サービスにおいては、利用者一人ひとりの状況や要望に応じた「オーダーメイド」なサービスが求められる。このため、利用者の人生・生活・希望や夢などを「想像」し、確かめていくことが求められる。豊かな想像性の先に、新しい価値を生む創造性が見えてくるであろう。

➡ 第3は、チームで考えることだ。利用者中心の意識は共通していなければならないが、意見の相違が存在することを前提に、集団で考えよう。適度なコンフリクト（意見の相違）の存在は、組織のパフォーマンスを上げるともいわれている。

ヒント2 ··· 考えて、ひらめく

➡ 1888年、ダブリンの獣医師ダンロップが空気入りタイヤを発明した。息子から「三輪車をもっと楽に走れるようにして」と頼まれたことをきっかけに、ゴムを巻いただけの硬い車輪の改良を考えていたダンロップは、ある日散歩中に転がってきたサッカーボールを見て、空気を入れたタイヤを思いついたという。

➡ また、ある日本のメーカーはワープロの開発に失敗した後、部分的に貼り付ける印字という需要に気づき、ワープロ開発の常識であった紙に印字するという発想を180度変え、テープに印字する「ラベルライター」を考案し、大きな成功を収めたという。

➡ このように、考えて、考えて、考えぬいた末に突然、解決策が見えることがある。ニュートンのリンゴもアルキメデスの風呂の逸話も同じことであろう。

➡ KJ法提唱者の川喜多二郎氏は、理性的な努力の後に突然に、考えて悩みぬいた挙げ句に一気に答えが見えることを、「閃（ひらめき）」と名づけた。毎日の仕事を考えながら行うことが、業務を改善し、同時に自分自身の将来を開いていくことにもつながっていくと考え、仕事に臨んでもらいたい。

リスクマネジメント

利用者の尊厳を守る福祉サービスのリスクマネジメント

目　標

◉ 本巻の第6章では、初任者編で学んだ福祉サービスのリスクマネジメントに対する知識をもとに、福祉サービスのリスクマネジメントの基本的視点について理解することを目標とする。

◉ はじめに、福祉サービス提供の理念や原則を知り、生活の場で提供される福祉サービスでは、事故・過誤や苦情を完全になくすことは困難であることを理解する。次に、事故・過誤や苦情発生のメカニズムを知り、事故発生時の適切な対応方法について理解する。

◉ さらに、業務を遂行する場合はもとより、事故・過誤や苦情を軽減するためにも業務標準が必要であることを理解する。

◉ 一般に「コンプライアンス」とは「ルールを守る」という意味で用いられることが多い。第6章では、福祉サービスのコンプライアンスは、どのような視点に基づいて用いられているのかを理解する。あわせて、福祉サービスの安全・安心を保障するうえで、事業の継続は重要な概念であることを理解し、何をどのように継続することが福祉サービスの安全・安心につながるのかを理解する。

構　成

❶ 福祉サービスのリスクマネジメントの視点を理解する
❷ 事故・過誤や苦情対応の視点と方法を理解する
❸ 業務標準の必要性を理解する
❹ 福祉サービスのコンプライアンス（法令遵守）を理解する
❺ 福祉サービスを継続的に提供することの必要性を理解する

☕ ＊ティータイム＊ ・・・ 事実とは何か

1 福祉サービスのリスクマネジメントの視点を理解する

1 社会福祉法の関連規定を理解する

　福祉サービスにリスクマネジメントの概念が持ち込まれるようになったのは、老人福祉サービス等が措置制度から契約制に移行し、事故が発生した場合の再発防止策の構築、および損害賠償対応が、事業者の責務として課せられたことが大きな理由であった。当初は福祉サービスにおけるリスクマネジメントを、損害賠償等の金銭的対応と矮小化して捉える向きも見られたが、損害賠償等を恐れるあまり利用者の自由を制限してしまうと、利用者の尊厳を保つ福祉サービスにはなり得ない。

　福祉サービスのリスクマネジメントの視点を知るには、社会福祉法に定める、福祉サービスのあり方を規定する記述に注目する必要がある。

社会福祉法（抜粋：太字は筆者）
●**第1条（目的）**：この法律は、社会福祉を目的とする事業の全分野における共通的基本事項を定め、社会福祉を目的とする他の法律と相まって、**福祉サービスの利用者の利益の保護**及び地域における社会福祉（以下「地域福祉」という。）の推進を図るとともに、社会福祉事業の公明かつ適正な実施の確保及び社会福祉を目的とする事業の健全な発達を図り、もって社会福祉の増進に資することを目的とする。

●**第3条（福祉サービスの基本的理念）**：福祉サービスは、**個人の尊厳の保持を旨**とし、その内容は、福祉サービスの利用者が心身ともに健やかに育成され、又はその有する能力に応じ自立した日常生活を営むことができるように支援するものとして、**良質かつ適切なもの**でなければならない。

●**第5条（福祉サービス提供の原則）**：社会福祉を目的とする事業を経営する者は、その提供する多様な福祉サービスについて、**利用者の意向を十分に尊重**し、地域福祉の推進に係る取組を行う他の地域住民等との連携を図り、かつ、保健医療サービスその他の関連するサービスとの有機的な連携を図るよう創意工夫を行いつつ、これを総合的に提供することができるようにその事業の実施に努めなければならない。

　このように、①利用者の利益が保護されないこと、②サービス利用者の個人の尊厳が損なわれること、③福祉サービスが良質で適切でないこと、④利用者の意向が尊重されないことが福祉サービスを提供するうえで大きなリスクとなることが理解できる。これら法に示された事項を遵守することが、福祉サービスのリスクマネジメントに取り組むうえでの基本的な視点となる。

2 生活の場で提供される福祉サービスの特性を理解する

　生活の場である福祉施設では、例えば飲酒を好む利用者の場合、施設側が管理の都合上飲酒を禁止したくても、本人の健康に問題がない場合には、なんらかの配慮をして飲酒ができるようにすることが、福祉サービスの基本的理念にかなう判断だといえる。病院に入院した場合、飲酒が治療の妨げと考えられた場合、いくら患者が希望しても禁止できるのとは大きく違う。

このように、生活の場で提供される福祉サービスは、「利用者の意向を十分尊重」し、「尊厳を保持」しようとすると、なんらかのリスクが生じることが予見されても、それを承知したうえでサービスを提供せざるをえないことに特徴がある。

　2002（平成14）年に当時の厚生省においてまとめられた「福祉サービスにおける危機管理（リスクマネジメント）に関する取り組み指針〜利用者の笑顔と満足を求めて〜」には、福祉サービスのリスクマネジメントの基本的視点として次のような記述がなされている。

> 「介護サービスを提供する福祉施設等からは、利用者の自立的な生活を重視すればするほど『リスク』は高まるのではないか、と危惧する声も聞こえてきます。しかし、事故を起こさないようにするあまり、極端に管理的になりすぎてしまい、サービスの提供が事業者側の都合により行われるとするならば、人間としての成長、発達の機会や**人間としての尊厳を奪う**ことになり、福祉サービスの基本理念に逆行することになりかねません。そこで、このように『自由』か『安全』かという二者択一ではなく、福祉サービスにおいては、事故を完全に未然防止するということは困難なもの、と捉えてみます」（傍点は筆者）

③ セーフティマネジメント（安全管理）の視点の重要性を理解する

　福祉サービスのリスクマネジメントは、現場で起こる事故・過誤や苦情への対応が主となる。前述の指針には、続けて次のように記述されている。

> 「そのうえで、事故を限りなく『ゼロ』にするためにはどうしたらよいか、あるいは万が一起きてしまった場合に適切な対応を図ることはもとより、同じような事故が再び起こることのないような対策を講じるなど、より積極的な姿勢を持つことが重要であると考えられます」

　このように、福祉サービスのリスクマネジメントは、事故や過誤の未然防止に加え、それらの発生を想定し、その時の適切な対応を視野に入れた、セーフティマネジメント（安全管理）の視点が重要であることが理解できる。

④ 事故・過誤や苦情には、組織全体で取り組む

　福祉サービスは、「良質かつ適切」なサービス提供を、生活に即したサービスの追求のなかから見出そうとした。なかでも、高齢者分野では、利用者との継続的な関わりを大切にする「なじみの関係」を築くことによって、よりサービスの質を高めることができると考えてきた。「なじみの関係」は、利用者にとって、自分に常に関わる職員がわかるため、安心感を得やすいとともに、職員にとっても、利用者とのつながりが実感できるというメリットがある。

　しかし、職員は、「なじみの関係」を築いた利用者に事故や過誤があった場合、その問題を自分ひとりで解決すべきと考えてはならない。また、他の職員が同様の状況に置かれたときも、当事者個人が解決すべきと他人ごとに考えてはならない。福祉サービスは、利用者となじみの関係を築きつつも、常にチームで役割分担して利用者にサービスを提供していることを認識し、事故や過誤等が発生した際に、組織全体の問題として捉え、解決に向けて組織一丸となって取り組んでいこうとする姿勢が大切である。

事故・過誤や苦情対応の視点と方法を理解する

1 リスク処理の手段を理解する

　初任者編では、第6章の第2節と第3節で、福祉サービス提供において発生する事故・過誤や苦情の内容と、その特徴について学んだ。これら、事故・過誤や苦情のリスク処理の手段は、**図表6－1**のように、事故・過誤のリスクに対し直接働きかけるリスクコントロールと、金銭的な対応としてのリスクファイナンシングに分けることができる。リスクファイナンシングとは、保険に加入するなどの金銭的な対応のことをさす。

　リスクコントロールを、利用者の外出支援を例にして考えてみる。生活の場である福祉施設などでは、リスクがあるからと、外出を中止（回避）したり、他人が代わりに行く（分離・移転）などの対応は、利用者の楽しみを奪うことになり、福祉サービスのリスクマネジメントの基本的視点に反する（本章第1節**2**参照）。したがって、福祉サービスのリスクとなる事故・過誤や苦情の解決方法は、「予防・低減」策が主となる。

2 事故・過誤や苦情発生のメカニズムを理解する

　福祉サービスにおいて、事故や過誤は避けられないことであるとともに、事故・過誤や苦情が発生する場には、次のようなメカニズムがあることを知っておく必要がある。

●**事故や過誤は、確率の問題で発生する**：図表6－2は「ハインリッヒの法則」といわれるものである。この法則は、軽微な事故への対策を確実に実施することにより、大事故の発生を防ぐことができることを示すとともに、軽微な事故への適切な対応を行うことにより、事故の発生確率は低くなっても、頂点の1はなくならない、つまり、事故はゼロにならないことも示している。ヒヤリ、ハッとするような軽微な事故の対策を確実に実施していくことが、事故・過誤や苦情を減らすうえでも重要となる。

●**事故や過誤は、さまざまな要因が重なって発生する**：図表6－3は「リーズンの軌道モデル」と呼ばれるものである。事故は何か1つの要因があって発生するものではなく、さまざまな事象の弱点が重なりあって発生することを表している。事故・過誤や苦情が発生した時には、どのような要素が重なったのか検証することが重要となる。

　このように、事故・過誤や苦情は、確率の問題として、かつ、さまざまな要因が重なって発生することがわかる。つまり、これら2つの事故発生のメカニズムは、事故や過誤の発生を、その当事者となった職員個人の問題として、短絡的に考えてはならないことを示している。「誰が悪かったのか」などの責任追及の姿勢は、職員を追い込むだけで、根本的な解決策にはつながらない。

3 誠実な対応の重要性と方法を理解する

●**ウソは言わない**：上司に事故や過誤等の発生報告をする際、自分にとって不都合な内容を報告することは、誰しもためらうもので、つい自分にとって都合のいい、ウソの報告をしてしまいたく

なる。ウソを言わないとは、道徳的な意味合いだけではなく、ウソを言うと、そのウソを正当化しようとすることに時間と労力がとられるため、いつまでも再発防止のスタートラインに立てなくなり、原因究明が遅くなることが問題となる。

◉**事実を伝える**：事実とは、後から証拠をあげて検証できることをさす。判断とは、その事実に基づき下すものである。「大丈夫です」「きちんと対応しています」などは判断である。事故等の発見者は関係者にまずは事実を正しく伝えることが重要である。また、利用者等が知りたいことは事実なのか、それとも判断なのかを見極めることも重要である（本章のティータイム参照）。

4 速やかな対応の重要性と方法を理解する

◉**定められた手順やルールに則して対応する**：誰しも業務は、手順や判断を間違えないように気をつける。しかし、なんらかの不安や迷いが生じると、自らの判断ミスが心配になって手を止めてしまい、時間のロスが生じる可能性がある。あらかじめ組織で定められた手順やルールが示されていると、自分の判断ミスを心配しなくてよいため、速やかに業務を継続することができる。

◉**事故や苦情報告のルールを定めておく**：組織にとって、現場から上がってくる事故や苦情の報告は、サービスの質をよりよくするうえで重要な情報である。しかし、事故や苦情のマイナス情報は、なかなか自主的には報告しにくいものである。組織で報告の仕方がルールとして定められていると、職員はストレスを感じずに報告を行いやすい。

日常業務であれ、事故や苦情の発生場面であれ、職員にとって自分の責任が問われる場面は、つらいものである。対応の手順やルールを定めることにより、職員はその負担感から解放され、速やかな対応につながる。

●図表6−1　リスク処理手段の分類

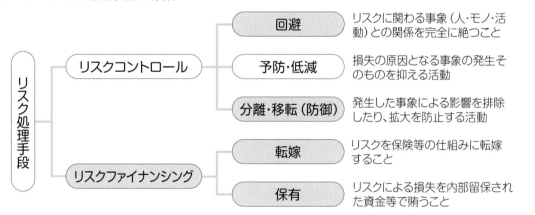

（全国社会福祉法人経営者協議会『社会福祉法人・福祉施設におけるリスクマネジメントの基本的視点』2頁を参考に著者作成）

●図表6−2　ハインリッヒの法則

●図表6−3　リーズンの軌道モデル

転倒事故発生に関するさまざまな要因の例

（上記2図表は宮田裕司編『社会福祉施設経営管理論2020』全国社会福祉協議会、2020年、192-193頁）

業務標準の必要性を理解する

1 業務標準のメリットを理解する

　初任者編の第6章第5節 **2** では、食事や入浴のサービス提供方法が職員によってバラバラでサービスの均質性が損なわれると、利用者にとって本来楽しいはずの時間が、職員がかわるごとに「この職員はきちんとやってくれるのだろうか」と不安になってしまうことを述べた。

　業務標準とは、このようなことを防ぐため、サービスを提供する際に、誰もが同様に行う基本的な手順のことをさす。業務標準は、事故・過誤や苦情が発生した場合の対応はもちろんのこと、通常のサービス提供業務にも必要である。それでは、業務標準があることにより、どんなメリットがあるのだろうか。

◉初任者であっても、最低限必要なことが確実に実施できる：初任者であろうがベテラン職員であろうが、基本的なサービスが同様に提供されなければ利用者は不安になる。初任者は、自分が他の職員と同じようにサービス提供ができているかと心配になる。業務標準があると、職員はどのようにサービス提供をすればよいかが明確になるので安心である。

◉事故等の不具合があったときに、業務標準をもとに見直しができる：業務標準があると、事故等が発生したときに手順書に記されたどの手順が抜け落ちていたのか、また、どの手順が誤っていたのかを確認することができる。見直しの際に手順書がないと、誰もが目で見て客観的に検証するものがないので、「きちんとやったのか」など、不具合の原因を業務の不備ではなく職員の不備として考えてしまう危険性がある。

◉職員間での業務の引き継ぎが行いやすい：職場で担当部署等の異動があった場合、業務標準があると、異動先でも何をどのようにすればよいかがわかり、引き継ぎにむだな時間と労力がかからない。業務標準がない場合は、前任者に聞かざるを得なくなるなど、むだな時間と労力を費やすことにもなりかねない。

2 業務標準に関連する用語を理解する

　業務標準に関連する言葉を整理すると次のようになる。

◉標準化：ある業務に関し、誰もが必ず行う普遍的な業務のやり方を検討し、探りあてること。

◉業務標準：探りあてられた普遍的なやり方を、誰もが同様に行うその業務の標準的な手順と位置づけること（位置づけたものをさす場合もある）。

◉業務手順書（業務マニュアル）：業務標準を、誰の目で見てもわかるように、文字などで可視化したもの。マニュアルと表現されることもある。

3 画一化と標準化の違いを理解する

一般に、マニュアルという言葉は、「業務はマニュアルどおりにはいかない」や「マニュアル人間は役に立たない」というように、画一的で融通の利かない状況をさして使用されることが多い。しかし、業務において、画一化と標準化は同じ意味ではない（**図表6－4**）。画一化とは、行うこと全てを同じにするという意味であり、標準化とは、最低限必ず実施する共通の部分を同一にするという意味である。

例えば、支援の必要な利用者の食事介助を行う際に、食後の口腔ケアを必ず実施している場合、「食事介助では、口腔ケアを実施することが標準化されている」といえる。実際の業務では、この口腔ケアのように誰に対しても必ず実施すると決められている業務とともに、利用者個々の状況に応じて実施する業務もある。業務手順書（業務マニュアル）には、標準化された業務と、状況に応じて実施される業務の両方が示されることになる。

4 ケアプランは業務標準のうえに成り立つことを理解する

私たちは、利用者に対し、個別の希望を盛り込んだケアプランや個別支援計画等によりサービスを提供する。ケアプラン等に基づくサービスは、業務標準に基づくサービスが基本（土台）となって設計できる。つまり、業務標準の上積みとして、利用者の個別の希望を盛り込んだサービスがあることになる（**図表6－5**）。逆に業務標準がなければ、ケアプランに基づくサービスは個々の業務に一貫性が保たれないと認識する必要がある。

契約制度のもとでは、利用者との契約を結ぶ当事者は法人・事業所である。職員によってサービス提供に一貫性がないということは、契約上も問題があるという認識が必要だ。

●図表6－4　画一化と標準化の関係

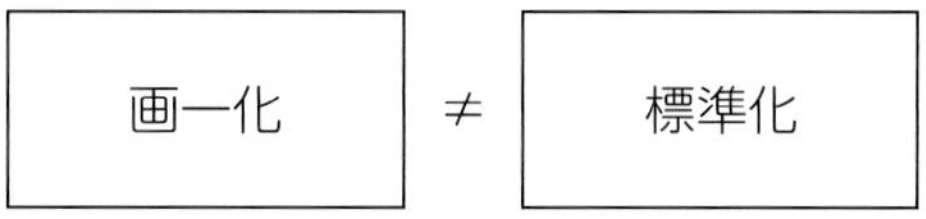

（著者作成）

●図表6－5　ケアプラン・個別支援計画等に基づくサービスは、業務標準のうえに成り立つ

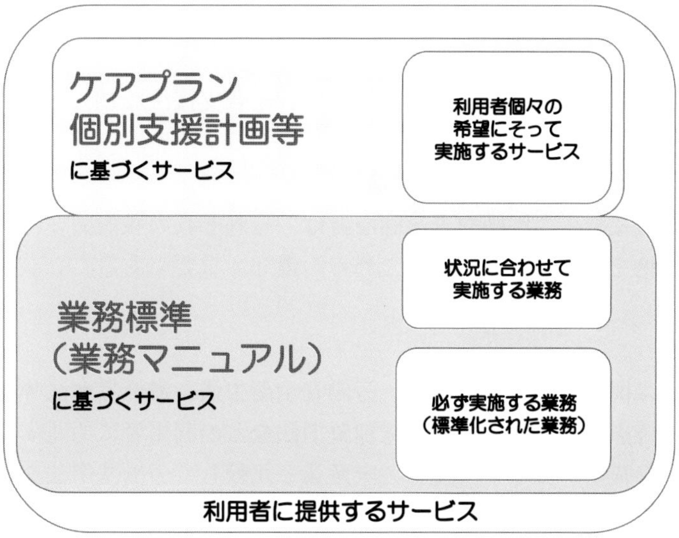

（著者作成）

福祉サービスのコンプライアンス（法令遵守）を理解する

1 福祉サービスに求められるコンプライアンスを理解する

　福祉サービスは、利用者やその家族との約束事（契約事項）、また組織の理念や社会のルールに基づいて提供するとともに、社会福祉に関連する各種法令に規定する事項を守る必要があることを初任者編第6章第4節で述べた。このように、組織が活動を行ううえで、組織や社会のルールをはじめ、法や規則を守ることをコンプライアンスという。社会福祉法などの関連法規には、サービスの提供について基本となる事項が定められている。

《福祉サービス全般の基本となる法律》
◎**社会福祉法**（本章第1節参照）：
　　第1条　利用者の利益の保護と、地域福祉の推進
　　第3条　利用者の尊厳の保持と利用者に対する良質で適切なサービス提供
　　第5条　利用者の意向を尊重したサービス提供
　　第24条　経営者によるサービスの質の向上等の責務等
　　第76・77条　説明義務と契約成立時の書面交付義務等

《サービス種別ごとの法律》
　それぞれの法律において、原理、目的、基本理念等が定められている。
◎**児童福祉法　第1条（児童の福祉を保障するための原理）**：全て児童は、児童の権利に関する条約の精神にのつとり、適切に養育されること、その生活を保障されること、愛され、保護されること、その心身の健やかな成長及び発達並びにその自立が図られることその他の福祉を等しく保障される権利を有する。
◎**身体障害者福祉法　第1条（目的）**：この法律は、障害者総合支援法と相まって、身体障害者の自立と社会経済活動への参加を促進するため、身体障害者を援助し、及び必要に応じて保護し、もって身体障害者の福祉の増進を図ることを目的とする。
◎**老人福祉法　第2条（基本的理念）**：老人は、多年にわたり社会の進展に寄与してきた者として、かつ、豊富な知識と経験を有する者として敬愛されるとともに、生きがいを持てる健全で安らかな生活を保障されるものとする。
◎**その他**：知的障害者福祉法、介護保険法、障害者総合支援法など

《国家資格である職能団体が定める倫理綱領》
　社会福祉士や介護福祉士、医師や看護師などは、それぞれの職能団体において倫理綱領が定められている。国家資格をもつ者にとって、これらの遵守も重要である。

《その他関連法規》
　職場で働くことに関連する労働基準法・労働安全衛生法、最低賃金法等の労働法規、さらに、個人情報保護法、各種虐待防止法、障害者差別解消法などの利用者に関連する法規もある。福祉施設等、福祉サービスを提供する事業所では、全産業と比較して労働基準法など労務法規に違反している割合が相対的に高い（**図表6-6参照**）。

2 措置時代のコンプライアンスの状況を知っておく

　福祉サービスが措置制度のもとで提供されていた時代は、事業者は、自らが提供する福祉サービスの内容が、措置基準に適合しているかどうか常に気を配っていた。行政監査においても、措置基準が守られているかどうかが主にチェックされていた。

　事業者が措置基準に従うことは、施設ごとのサービス内容に大きな違いが生じないという効果がある半面、サービスの質の向上は、国側の基準改正のなかで行われるため、事業者側は自らサービスの質の向上に取り組むという視点が乏しくなる。措置の時代は、施設は国家賠償法のもとで守られており、職員も準公務員扱いであったため、事故や過誤が生じた際に組織や個人の責任が原則的に問われなかった。したがって、コンプライアンスの概念自体も、ほとんど意識されることがなかったといえる。

3 契約時代のコンプライアンスを理解する

　2000（平成12）年以降、老人福祉施設では、これまでの措置基準に代わり、介護保険法や老人福祉法に規定する運営基準等が、新たに最低基準として示されるようになった。一方、同じく2000（平成12）年にそれまでの社会福祉事業法を改正して施行された社会福祉法では、第24条において、サービスの質の向上が、新たに経営者の責務として規定されることとなった。このことにより、これまで措置基準の改正が実質的なサービスの質の向上であったものから、事業者が自らの経営上の責務として、サービスの質の向上を図る必要性が生じることになった。

　したがって、契約時代のコンプライアンスの視点とは、各種の法や基準に示された内容に対する適合性を重視しているだけでは不十分で、利用者のニーズをより重視する必要がある。2016（平成28）年には社会福祉法第24条第2項に、社会福祉法人に対し、日常生活又は社会生活上の支援を必要とする者に対して、無料又は低額な料金で、福祉サービスを積極的に提供することを求める記述が書き加えられたことにも留意しなくてはならない。

4 コンプライアンスの視点は時代とともに変化することを理解する

　個人であっても組織であっても、社会の環境の変化を敏感に感じ取り、それに適合していくことが、社会に存在し続けるうえでは不可欠である。福祉サービスが措置から契約に移行したことにともない、コンプライアンスの視点は、法や基準に示される基準等を唯一絶対的なものとしてきた時代から、それらの基準等を守ることはもちろん、利用者やその家族等のニーズを尊重するという点も加味されるように変化した。

　今後、私たちは常に社会の変化に目を向け、福祉サービスに求められるコンプライアンスの視点を、関係する法も含めた利用者や社会のニーズと捉え、適切に対応する必要がある。変化を捉えることができず、「われわれ（私）の常識は世間の非常識」となってしまうことは大きなリスクとなる。

●図表6－6　労働基準法等違反事業場比率（2015〔平成27〕年）

	社会福祉施設	全産業
違反事業場比率	73.9%	69.1%
労基法24条（賃金不払）	7.5%	4.1%
労基法37条（割増賃金不払）	25.8%	14.6%
最低賃金法4条（最低賃金不払）	4.0%	2.4%

（「平成27年労働基準監督年報」・厚生労働省資料より一部抜粋）

福祉サービスを継続的に
提供することの必要性を理解する

1 サービスを継続して提供することの意義を理解する

　社会のシステムが近年ますます複雑になるなか、営利企業では事故による損失が年々大きくなり、事業の継続が困難になることを避けるため、リスクマネジメントの検討が進められてきた。ここでいう事業の継続とは、リスクによってもたらされる企業の損失をできるだけ小さくし、企業が継続的に利益を生み出し続けるという意味での継続である。株主の出資により事業を行う営利企業にとって、利益を生み出し続けることを目的とするのは、経営上当然である。

　公共的事業である社会福祉事業にも、継続性が求められている。ここでいう継続性とは、事業そのものの継続ではなく、事業の継続によってもたらされる支援を必要とする人の安全で安心な生活の継続のことである。具体的には、支援を必要とする人々の、個人としての自由と安全が継続して保障されることであり、それを支える職員の働きも保障されることである。

　非営利組織である社会福祉法人の捉えるリスクマネジメントの視点は、営利組織の捉えるリスクマネジメントの視点とは異なる部分があることも理解しておく必要がある（図表6-7）。

2 利用者に安全と安心をもたらす視点を理解する

　福祉サービスの提供には、安全と安心が求められる。その安全と安心は、福祉サービスの利用者に次のようにもたらされる。

● **自由が継続して守られる**：自由に行動ができ、自由に意見が言え、自己決定が保障されることは生活の質を保つうえで重要な条件である。支援の必要な人がこれらの自由を得るためには、直接その人のそばで支援する援助者が必要である。ユニバーサルデザインやバリアフリーの概念で設計された社会環境やシステムが整うことによっても継続して守られる。

● **身体の安全が継続して守られる**：身体の安全は、身の危険を感じるような目に遭わないことはもちろんのこと、介助や介護が必要なとき、職員から安全なサービスが提供されることによって継続して守られる。安全なサービスとは、一義的には法人・事業所などの職員の技術にばらつきがないことが前提になる。一方で、地域社会の生活場面でも、福祉サービスを必要とする人に対する地域住民の偏見がないことが安全や安心につながる。

● **権利が継続して守られる**：福祉サービスの利用者は、大きな生活環境の変化などに適応できない場合が多い。社会環境の変化にともない、自らの生活環境が一方的に変えられることにより、権利や財産が失われることにもなる。権利や財産は、家族などの身近な援助者がいなくても、判断能力に不安が生じる前に任意後見制度を活用したり、判断能力が不十分になったとき、家庭裁判所によって成年後見人等が選ばれる法定後見制度を活用することで、継続して守られる。

3 サービスの継続性を保つための環境整備について理解する

　介護サービスに従事する職員が、福祉サービスを必要とする人々の生活をひとりで継続的に支援していくことはできない。法人・事業所では、職員はその日の業務が終わると、他の職員に利用者の支援業務を引き継ぐことになる。在宅サービスでも、単独サービスだけでは利用者の生活を支えられないため、他の在宅サービスと組み合わせてサービスを提供する。このように、職員間、事業

者間でサービスを引き継ぐ連続性が保たれていることが、利用者を継続的に支援し続けることにつながるとともに、職員が安心して働くためにも重要となる。

　サービスが連続して引き継がれていくためには、各職員の果たすべき役割を明確にしておく必要がある。役割分担が不明確だと、職員は利用者の支援のために、ひとりで多くのことをしなくてはならないと思い込んでしまうことにもなる。役割分担を明確にするためには、一日の業務が見えることが重要である。業務手順書や日程表、業務分担表が整っていることが求められる。

　日々の業務では、トラブルなどで予定どおり引き継げないこともある。そのようなとき、他の職員から支援が受けられる仕組みがあると負担が少なくてすむ。

4 サービスの継続性に対するリスクについて理解する

　利用者にとって、住む場所や生活様式などの生活環境が変わることや、地域社会での無理解に直面することはリスクとなる。一方、私たちが日々利用している交通機関やATM（現金自動預け払い機）などのシステムは、もともと自律的に生活できる成人を想定してつくられているため、支援の必要な人々には利用しづらいものが多い。

　福祉サービス利用者の抱える問題も複雑化している。介護現場では、利用者の重度化が進んでいるが、職員の教育がそれに追いつかず、知識が不足していることがリスクとなる。また、介護等の業務は職員がひとりで多くの仕事を抱え込み過ぎて一日の業務が終わらないなど、労働に対し負荷がかかっていることがリスクとなる。

　最近の社会では、心身に不調をきたしてバーンアウトに至るケースが増加している。また、出産や育児などの生活環境の変化にともなう影響を受けやすい女性職員が多い福祉職場では、多様な働き方を保障できないと、人材不足などのリスクを常に抱えることになる。

　その他にも制度改正などの経営環境の変化や、福祉サービスに対する公共性の認識の欠如などが、利用者やその家族、さらに働く職員にとって福祉サービスを継続して提供するうえでリスクとなることがある。

●図表6-7　営利組織と非営利組織の目的とリスク概念の違い

営利組織		
継続して利益を出し続ける	組織の利益を損なうものがリスク	社会に貢献
	企業活動の安心と安全を重視	
非営利組織		
継続して利用者の生活や職員の働きを守り続ける	利用者の生活や職員の働きを損なうものがリスク	
	利用者や職員の安心と安全を重視	

（著者作成）

リスクマネジメント

以下の内容は、『福祉職員キャリアパス対応生涯研修課程テキスト』〔初任者編〕の第6章のポイントを抜粋したものです。

1 サービス提供中のリスクマネジメントが最優先となる【初任者編・第6章第1節】

■「リスク」の定義は近年では、目的に対する不確かさの影響とされている。わが国の福祉分野では、ある行動にともなって生じる損失や危険性の可能性という意味で用いられることが多い。

■「リスクマネジメント」とは、これら損失や危険性を予測し、損失が生じないようにするとともに、仮にそれらが発生しても、被害が最小限になるよう対処することをいう。

■福祉サービスのリスクは、利用者の転倒、骨折、誤嚥、配薬ミス、感染症発症、苦情、など利用者に直接かかわるもの、通勤途上の交通事故、家族の介護、自然災害など多方面にわたる。

■福祉サービスのリスクマネジメントは、福祉サービス提供中の事故や過誤の防止や被害の最小化に対し、最優先で取り組む。

2 転倒事故が多い【初任者編・第6章第2節】

■事故と過誤の意味は違う。事故とは予期せぬ出来事のことをさす。過誤とは過ちのことをさす。「介護過誤」は、職員の介護サービス提供の過ちをさす。

　福祉サービス提供中の事故は、転倒など利用者が危険を認識できない場合に発生しやすく、過誤は、配薬ミスなど職員が業務を安易に捉え、チェックを怠ることなどによって生じやすい。

■福祉施設での事故は、どの種別の施設でも移動・歩行中の転倒事故の占める割合が高い。

■昨今、福祉施設では利用者の重度化が進み、介護施設でも医療知識を必要としたり、障害者施設でも高齢者福祉の知識を必要とするなどの、新たな課題が生じている。

■地域社会では、高齢者の交通事故や障害者の転落事故などが増えつつある。

3 職員の接遇に対する苦情が多い【初任者編・第6章第3節】

■福祉サービスに関する苦情は、職員の接遇に関することが、どの種別でも最も高いことは憂慮すべき事態である。

■利用者等からの苦情などの申し出には「質問」「希望・要望」「請求」「責任追及」の4つのレベルがあるとともに、質問レベルの申し出が多い施設は、家族等に開かれた施設といえる。

　◇質問レベル：利用者がわからないことなどを気軽に聞けるようにする

　◇希望・要望レベル：できることとできないことをわかりやすくはっきり伝える

　◇請求レベル：いわゆる「苦情」。請求されることが多い場合、組織に問題がある

　◇責任追及レベル：事故等により利用者になんらかの損害をこうむらせた状態。組織体制の見直しが求められる

■福祉サービスに対する苦情は、「福祉のお世話になる」ことに対する後ろめたさという誤解により、なかなか言ってもらえないことを知っておく必要がある。

■社会福祉法第82条には、事業者による苦情解決の責務が規定されているとともに事業者には①苦情解決責任者、②苦情受付担当者、③第三者委員の設置が必要とされ苦情解決にあたることが求められている。

4 ルールと約束を守ることは職業人の第一歩【初任者編・第6章第4節】

- ルールや約束事があると、業務にむだが生じず効率的に業務を行える。
- 利用者との約束事（契約・個別支援計画、ケアプラン等）は書面により取り交わすことが社会福祉法に定められているとともに、それは利用者の権利を守ることを意味している。
- 私たちが守るべきルールや約束事は、利用者に関するもの、職場に関するもの、社会や国家に関するものの3つの側面がある。

◇利用者に関する主なもの	：	利用契約書・個別支援計画、ケアプラン等
◇職場に関する主なもの	：	就業規則・給与規程・経理規定等
◇社会や国家に関する主なもの	：	民法・刑法・労働基準法・消防法・道路交通法等

5 手順書と記録でサービス内容がわかる【初任者編・第6章第5節】

- 福祉サービスは人々の安心と安全を支えるために、時代とともに施設⇒在宅⇒地域へと発展してきた。
- 利用者にとって安全で安心なサービスとは、自分の意思が職員に確実に伝わることと、どの職員の対応も、基本となるサービス内容が一定であること、サービスの継続性が保障されていることである。
- 家族にとって安心で安全なサービスとは、事故等があった際に、手順書や記録をもとに実際に行われたサービスについて、説明を受けられることである。「きちんとやりました」などの説明は何をどうきちんとしたのかわからず、不安になる。
- 職員にとって安心で安全なサービス提供とは、職場において自らが携わる業務に関する手順書が整備され、記録が適切になされていることである。かつて「背中を見て覚えろ」という従弟制度のような教育手法が用いられてきたが、業務が高度で複雑な現代にはなじまない方法だといえる。

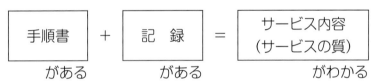

（著者作成）

事実とは何か

事実とは何か

　あなたがＡさんの居室に向かうと、Ａさんがこんな状態になっていた。この場面の事実を記述してみよう。

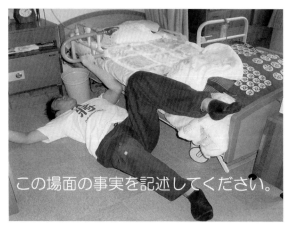

この場面の事実を記述してください。

（写真提供：著者）

➡　「Ａさんはずり落ちていた」と記述するだろうか。それとも「Ａさんは転倒していた」と記述するだろうか？

　　実はどちらも記述方法としては正しいとはいえない。なぜなら、その瞬間を見ていたのでなければ、それはあなたの「判断」だからである。正しくは「Ａさんはベッドの横に左手をベッド柵に、左足をベッドに置いた状態で、あお向けになって横たわっていた」。これが「事実」の記述である。

根拠を明確に

➡　本書を手に取られる方は、勤続3〜5年の方々が多いだろう。中堅職員として、今後の活躍が期待されているころである。初任者編では「知る」ことを目標としてきたが、本章は、「理解する」ことを目標としている。「理解する」ことの助けとなる「根拠」をできるだけ記述するように努めよう。

➡　「根拠を示せ」といわれると、ケンカを売られていると勘違いしてしまいそうなネガティブな響きのある言葉に感じられる。しかし、この「根拠を示す」とは根拠となる事実、法や基準を示すことである。皆さんは自分の仕事に関する「根拠」にも目を向けるようにしてほしい。

➡　次に「理解する」とはどんな状況だろうか。「理解する」とは、頭の中にあるさまざまな知識が、何かと関連してつながることである。読み進めるうちに、「なるほど！」と思うこと、これがつながった状態だ。「なるほど！」と思うことはどれくらいあっただろうか。「なるほど！」と思うことが少ない場合、まだ、基本となる知識がたりないと思っていい。初任者編や、関連する書籍や資料を読み直してほしい。なかでも、社会福祉法をはじめとする関連法規や、省令に示された事業に関する基準などは、基本となる部分を知っておこう。常に法的根拠を確認する姿勢をもつことが重要である。

➡　本書（中堅職員編）は、事例の記述だけでなく、根拠となる法令などもあわせて記述した。いうまでもなく、特に重要な根拠となるものは、社会福祉法をはじめとする関連法規の理念や方針である。

第7章

チームアプローチと多職種連携・地域協働

他組織や地域の専門職との連携・協働

目標

◉ 初任者編では、チームアプローチと多職種連携・地域協働の重要性や意味について学んだ。中堅職員編の第7章では自組織内にとどまらず、地域の他の法人・事業所を含め、多職種連携・協働の実践についてふれていきたい。

◉「地域ケア会議」等の会合では地域のなかの関係する他の組織から専門職あるいは地域住民が集うこともある。また、在宅で複数のサービスを活用する利用者も少なくない。日常的な業務での関わりに濃淡はあるものの、一定の経験を積んでいけば必ず地域における多職種連携・協働の課題につきあたることとなる。ここでは、分野、業種を問わず、「実践できるレベル」としての連携・協働の実践力が問われる。

◉ そこで、第7章では、チームアプローチを行う一員として自分の職種の業務と役割を確実に遂行すべく、職場内の多職種連携・協働に必要な知識を習得するとともに、地域のなかの連携・協働に必要な知識を学ぶ。

構成

❶ チームアプローチにおける中堅職員の役割
❷ ケアマネジメントとチームアプローチ
❸ 個人間・チーム間の葛藤を解決し、連携を深める
❹ 関係機関のキーパーソンとつながる
❺ 地域のなかの連携・協働に必要な専門知識を学ぶ

☕ ＊ティータイム＊ ……………………………………… 連携・協働の実践力をつける

1 チームアプローチにおける
中堅職員の役割

1 多職種連携・協働の意義を理解する

　ニーズが多様化・高度化している今日、支援を要する人に対して、ひとりの専門職による個別的な関わりだけでは十分に支援を進めていくことが困難な場面が多くなっている。このため、福祉・保健・医療をはじめとしたさまざまな領域の専門職との連携・協働を通した問題解決としてのチームアプローチが重要になっている。

　こうした連携・協働は、組織内で行われるほか、在宅の利用者支援には、地域の多機関との間で行う必要があり、その場合、専門職に限らず、ボランティアや地域住民など専門職以外とも連携・協働が必要となる。チームアプローチにおいて多職種連携・協働を行うことの利点は**図表7-1**のとおりである。

　多職種連携・協働はこのほか、継続的・一貫的なサービス提供やサービスの標準化を可能にするとともに、サービスの重複を防いだり、逆に必要なサービスが提供されなかったりすることを防ぐことにも役立つものである。

2 中堅職員の果たす役割

　日々の利用者支援に終始するのではなく、中長期的な観点で利用者の生活を捉え、多職種、多機関との連携・協働を心がけよう。利用者の生活を包括的に捉える視点、自身でできること、自職種でできること、他職種、他機関等に協力を求めるべきことを冷静に見極めることが大切である。

　チームアプローチを実践していく原動力として、中堅職員は重大な役割を担っている。

3 多職種連携・協働に必要な中堅職員の能力を理解する

　ある程度経験を積み重ねてきた中堅職員には、組織内外における多職種連携・協働を着実に遂行することが求められる。多職種連携・協働には、以下の7つの心構えが必要である。

●**ひとりで背負いこまない**：問題をひとりで「抱え込む」ことは、問題の解決を遅らせたり、状況を悪化させたりする恐れがある。自分ひとりでできることは限られていることを自覚し、さまざまな知識や技術、経験をもつ他の専門職とチームで関わっていくことが大切である。

●**共通の目標をもつ（利用者中心）**：チームメンバーは、職種はもちろん所属機関も異なっている場合がある。それまであまり一緒に仕事をしたことのないメンバーもいるだろう。さらにそれが自分たちのような専門職の場合もあれば、ボランティアなど地域住民の場合もある。それぞれが異なった価値観や考え方、意見をもっているのが当然であり、そうしたなかでは、「利用者中心」という共通の目標をもつことが大切になる。

●**他のメンバーに敬意をはらう**：価値観や考え方、意見の違いから、他の職種を避けたり、無視したり、認めないということがある。それらはチームアプローチの機能を妨げる要因のひとつである。他の職種に敬意をはらい、他の職種がもつ価値観の違いを認めるなど理解しようとする努力が必要だ。

◉**周りから学ぶ姿勢をもつ**：チームとしてさまざまな職種・機関と関わることは、他の職種・機関が有する多様な視点や考え方、役割を学ぶことにつながり、視野が広がっていくであろう。こうした貴重な経験を生かし、周りから学ぶ姿勢をもとう。

◉**専門職として自分を磨く**：他専門職とチームのなかで対等に役割を果たすためには、自らの専門性に自負をもち、新しい知識や技術を常に追い求め、それを磨き続けることが必要となる。

◉**十分なコミュニケーションをとる**：チーム間のやりとりは互いのコミュニケーションが基盤となる。相互に相手を尊重しながら、意思疎通が図れるよう十分なコミュニケーションをとろう。

◉**信頼関係を築き、互いに支え合い、育て合う**：専門職同士の関係性は、信頼感がないところには成り立たない。互いに仕事をするなかで徐々に信頼関係が築かれる。こうした信頼関係をもとに互いに支え合い、育て合おう。

●図表7−1　利用者（家族）と実践者にとっての職種間の連携・協働の利点

利用者（家族）に対して

- 多様な視点・知識・情報をもとにした、より適切な統合的支援計画案が作成される
- 問題・ニーズの包括的な分析により、より創造的な解決・充足方法が検討される
- 広範囲のサービス・資源の活用が可能となり、選択肢の幅が拡大する
- 特定の組織からのみサービスを受けるという事態（囲い込み）を回避できる
- 実践者間での責任感の共有により支援計画が迅速に実施される
- 各実践者の問題・ニーズ理解やサービス利用案・支援計画案が相対化され、1人の実践者による理解、計画案に基づく専門職のパターナリズムが規制されやすい

実践者に対して

- 細かな情報の共有や多様な意味の共通理解、事実認識のずれや誤解の調整ができる
- 異なる理解を相互に知ることで、利用者（家族）に対する理解が深まり、共感も強化される
- 多様な資源による問題・ニーズの理解により、1人の時よりも客観性が増す
- 対応の難しい問題・ニーズを理解してもらい、援助を受けることでバーンアウトを避けることができる
- 多組織の機能・サービス・方針・専門性、その職員の価値観・気心を知ることで、連絡や話し合いがやりやすくなる
- 問題解決・ニーズ充足支援を「共に担う」という目標と感覚を共有できる
- 多様な職種の視点・役割等を学べる
- 他者の目や評価を意識することにより、自身の専門性向上の動機づけを高め得る

（古川孝順、副田あけみ、秋元美世編著『現代社会福祉の争点（下）』中央法規出版、2003年、109頁より一部改変）

ケアマネジメントとチームアプローチ

1 ケアマネジメントとは何かを理解する

　ケアマネジメントとは、利用者が有する複数のニーズを充足するために社会資源を効率的かつ合理的に結びつける手法である。ケアマネジメントは、利用者に対して支援する際、①チームで行う、②支援方法の客観的な根拠を求める、③利用者中心のサービスであるかをチェックする、④継続的な支援を維持する、またはよりよい支援に向けて改善するといった特徴を有している。

　ケアマネジメントは、ケース発見　→　アセスメント　→　サービス目標・サービス計画の作成　→　サービスの実施　→　サービス内容の評価（モニタリング）　→　再アセスメント　→　次のサービス計画の作成、といった一連の過程を有している。

2 ケアマネジメントのサイクルとチームのサイクルを理解する

　チームは基本的に問題を解決したり課題を達成したりするために形成される。多職種が問題解決に参加することで、異なった知識や技術・経験・価値観が投入され、よりよい結果がもたらされることが期待されている。

　図表7－2は、ケアマネジメントのプロセスとチームのサイクルを重ね合わせたものである。以下、ケアマネジメントのプロセスとチームのサイクルを合わせて見ていこう。

◉**ケースの発見**：ケアマネジメントは、そもそも複数のニーズを有する利用者に対して使用される手法であり、一連の過程をチームで対応することが一般的である。ケアマネジメントの最初の段階であるケースの発見は、もちろん本人や家族からの申し出による場合もあるが、他機関からの紹介、あるいは地域住民など第三者からの通報等による場合もある。

◉**インテーク**：発見されたケースがケアマネジメントの対象に該当するかどうかを判断するインテークの段階では、問題やニーズの概略を把握し、単独で解決できない場合には必要な関係機関、専門職に呼びかけ、チームを形成する。

◉**アセスメント**：アセスメントは、利用者のニーズを総合的に把握し、課題を分析する段階である。アセスメントで課題が正確に抽出されなければ、その後の過程は意味をなさなくなる。アセスメントに際してさまざまな専門職が関わることで、異なった視点や考え方から情報を集めニーズを把握・分析できるため、多面的な評価が可能となる。

◉**サービス目標・サービス計画の作成**：サービスやケア目標の設定、計画作成においても、利用者のニーズに応じて招集された多職種がそれぞれの専門性の視点から考えや意見を出し合い、カンファレンスなどの場で話し合いを重ねて合意形成が行われる。

　カンファレンスは、各専門職が集まり、利用者の意向を踏まえつつ、いつ、だれが、どのようなサービスを提供するのかを検討する場である。各人が互いに合意形成を図れるように努める必要がある。

　計画はサービスに関わる全ての職員に周知される必要がある。この場面でサービス目標、計画の共有がチームにとって大切となる。

●**サービスの実施**：サービス提供は、複数の専門職が関わるので、このプロセスにおいて自職種の役割と他の職種との関係を結び合わせて理解しておくことが大切である。また、サービスは計画に基づいて提供されるが、それぞれが実施したサービスやケアの内容、その際の課題や気になった点など、専門職間の情報の共有は欠かせない。

　複数の職員が関わるなかで、その支援内容をどのように周知・共有するかがポイントとなる。また、実際の支援過程で記録されたものを共有化するルールを決め、周知しておきたい。

　各サービス提供施設・事業所は、利用者の生活支援全体のなかで、どのような役割を果たしているのかを理解すべきである。

●**モニタリング**：実行したサービス内容を評価することをモニタリングという。この場合もアセスメント同様に複数の職員が関わり、サービス実施後の利用者の情報収集と、それに基づく評価を行う。

　モニタリングでは実際に行われた支援内容を評価する。計画に盛り込まれた目標に照らしてサービスが効果的であったか、あるいは、問題はなかったか等、行ってきた支援内容とその経過を振り返り、今後の進め方を検討する。その際、最も重要なのは、サービス提供によって利用者の生活状況がどのように改善されているのかをしっかりと評価することである。最初のアセスメント時と同様に利用者を中心に、それぞれの専門職の立場からの検討が大切である。また、それまでに積み重ねられた記録が重要な振り返り材料として生かされる。

●図表7－2　ケアマネジメントのプロセスとチームのサイクル

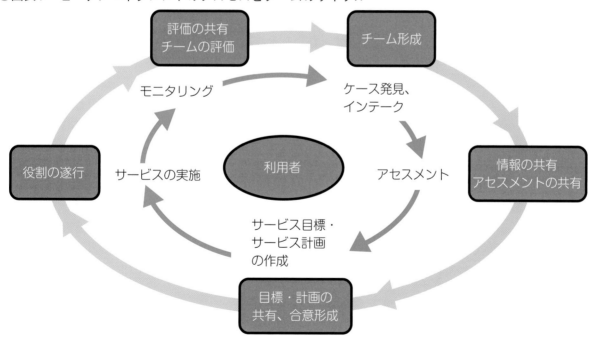

（大塚眞理子「第2章　IPWの仕組みと実践」、埼玉県立大学編『IPWを学ぶ―利用者中心の保健医療福祉連携―』
中央法規出版、2009（平成21）年、31頁を一部改変）

3 個人間・チーム間の葛藤を解決し、連携を深める

1 葛藤と正面から向き合う

　多職種連携・協働の過程で対立や葛藤といった問題が生じてくることがある。その要因は、①チームを構成する多職種がもつおのおのの価値観や専門性の違いである。多職種連携・協働は、互いの異なった価値観や専門性に基づいて、さまざまな考え方や視点から問題や課題を解決することに意義がある。②職員間・専門職間で十分な情報の共有ができていないことである。伝達のもれや誤まった情報の伝達とならないよう、全職員が同じ情報を共有することが大切である。③職場内・専門職間で派閥が生じることである。特定の職員同士・専門職同士が固まって他の職員集団を排除するのではなく、職場の全職員が同じ方向に向かって業務に従事すべきである。

◉**対立・葛藤を避けてはならない**：多職種連携・協働のチームアプローチの過程では、他の職種との間にさまざまな対立や葛藤が生じることがあるが、そのなかで自分の専門性に基づいた意見や主張を表明することができないのであれば、多職種連携・協働は意味をなさない。このためメンバー間の対立や葛藤を恐れて、多職種連携・協働に躊躇したり、対立や葛藤を避けるようなチーム運営をしてはならない。むしろそれを解消しようと協力する過程を経ることにより、互いの専門性の理解や、チームとしての成長に結びつく。

2 対立や葛藤の対処方法を理解する

　対立や葛藤を恐れず、そして嫌がらず、むしろそれとしっかり向き合い、チームの成長につなげることが大切である。

　対立や葛藤への対処はまず何よりも、対立や葛藤が生じている状況に対し、感情的要素を切り離して対処することが求められる。そのうえで、①何に関して葛藤が生じているのかといった事実の確認を行う、②葛藤をもたらした要因は何なのかを明らかにする、③対立や葛藤の解消に向けての話し合いによって争点を明確化し、具体的な解決策について話し合う、こととなる。

　対立や葛藤の原因はさまざまであるが、その多くは互いによく話し合い、理解し合うことで解消できる。専門職によってそれぞれ異なった価値観や信念を抱いているのが当然であるが、それぞれの価値観の違いや専門性の違いを認めながら、チームとして徹底した議論の場が必要である。そのようななかで、自身の立場や意見のみを主張するのではなく、相手の立場や思いを尊重すること、利用者が中心であるという共通の目標を忘れずあきらめずに根気よく話し合うことが、とても大切になってくる。

●図表7−3　対立や葛藤の原因

- 情報把握方法の違いによる情報の違い
- 情報共有あるいは伝達ミスによる情報の不足
- 情報のゆがみや不足による事実の取り違え
- 相手に対する期待のズレ
- 専門職（チーム）間の縄張り争い
- 専門職（チーム）間の価値観の違い
- 専門性の違いによる目標設定や方針の違い
- 部署あるいは職種の利益（負担）に関わる対立
- 派閥意識による対立

（著者作成）

●図表7−4　対立や葛藤解決のための話し合いの留意点

- 共通目標をお互いに意識し合いながら話し合う
- 問題の本質を議論するように心がけ、些細なことにこだわらない
- 相手の言い分を真剣に傾聴する
- 論点を絞って一つひとつ議論する
- 自分から譲る気持ちで話し合う
- 過激な競争意識をもたないで話し合う
- 相手の言葉を敵意と受けとらない
- 感情的にならず事実に基づいて話す
- 対立し、その場で解決できなかったときは、時間をあけて再度話し合う

（著者作成）

●図表7−5　対立や葛藤解決のプロセス

何について対立や葛藤が生じているのか
（事実の確認）

どうして対立や葛藤が生じているのか
（原因の把握）

対立や葛藤の解消に向けた取り組み
・メンバー（チーム）間の話し合いによる
　争点の明確化
・解決策についての話し合い

（著者作成）

関係機関の
キーパーソンとつながる

1 さまざまな組織や機関との関わりを理解する

　職場内の連携・協働について学ぶと同時に、職場外にあるさまざまな組織や機関との関わりについても理解しよう。

　担当する利用者の状況から、法人・事業所だけでなく周辺にある社会資源のなかで関係しているものを考えてみる。そしてそれが、利用者にとってどのように生活に影響しているかを考えてみよう。利用者の生活の質がより向上することを目指し、まず職場外を含めた連携・協働の全体像を見渡すことができるようにしておきたい。

2 社会資源をリストアップする

　われわれの職場の周りには多くの関係機関がある。普段から地域に存在する社会資源をリストアップし、整理しよう。そうした関係機関と連絡をとるために、職場では、電話番号一覧や住所録を掲示したり、ファイリングしておこう。リストアップされた社会資源から、利用者を中心にして関わる組織や機関、直接関わっている担当者などを列記してみよう。

　どの関係機関がどのように関わっているかは中堅職員としての経験を重ねるなかで理解できているはずだ。

　これら関係機関やそこに所属する職員との関係をよりわかりやすくするために図に表すことも有効である。利用者の生活に関わるエコマップである。

3 組織や機関のキーパーソンを把握し共有化する

　各組織において必ずキーパーソンとなる人がいるはずである。関係機関とつながるとき、その機関名と部署名だけでは連絡がスムーズにいかないことが多い。人的なネットワークを構築する際、その部署の窓口で直接担当する職員の氏名を把握し、情報の共有と連携が日常的に行われるよう当該職員と関係を密にしていくことが肝心である。

4 組織や機関の役割を把握し、つながりをつくる

　人的なネットワークは、業務を通じて得られる財産である。組織と組織の関係が基本形としてあるものの、実際の業務は人と人が情報交換や連携・協働するといったつながりのなかで進められる。そこで、各組織の役割をそれぞれの組織ごとに理解しておくこと、窓口となる当該組織の職員がどのような役割を果たしているのかを把握することが必要である。

　直接か間接かの関係は別にして、組織間の関係を整理しておくことを習慣にしよう。職場内でそうした情報を集積し、共有化していくことが大切だ。

　関係機関とつながりをつくるときのポイントは次のとおりである。

●図表7－6　関係機関とつながりをつくるときのポイント

《行政》

組織間の関係	福祉サービスに関わる事業は、その根拠法令に基づき所管する行政との関係がとても重要なことはいうまでもない。 　介護保険制度であれば、保険者としての市町村窓口や行政単位で組織される介護保険事業者連絡協議会などの外部組織を含めて、行政との関係がどう位置づけられているかを知る。また、具体的な法人・事業所との関係では、行政権限に基づく各種指導・指示、定例的な法人・事業所側の遵守事項（報告・調査・連絡）など、福祉サービス提供に関して仔細にわたって決められているので学習しよう。
関係する部署	業務内容によって、実際に担当する部署が定められ、担当者が配置されている。行政内の組織的な分担の把握が必要である。

《福祉サービス事業所》

組織間の関係	同類の福祉サービス事業所間の連携はすでにさまざまな研修会や会議等が行われ、多くは共通する事業所の連絡会等が組織化されている。しかし、ここではさらに利用者に関わるうえで共通の視点をもてるよう、職員レベルでの連携を深めていくための組織間の関係づくりを考えよう。 　多種別の各事業所が提供する複数のサービスが同一の利用者に対して行われる場合を考えてみてほしい。サービスの均質化・向上、携わる職員の視点の一致など、望ましいサービスを提供していけるように、組織間の関係を深めていこう。
関係する部署	職場内の連携の構図と同様に、専門職ごとあるいはサービス内容ごとに法人・事業所間の窓口となる部署の役割を理解する。特別養護老人ホームを例にとってみると、介護の部門、医療の部門、相談援助の部門、ケアマネジメントの部門などがそれぞれのグループを構成している。法人・事業所によって組織のあり方は異なるものの、おおむねサービス内容によってどのような部門・部署があるか想定できる。

《相談機関》

組織間の関係	福祉サービス事業所と各種相談機関は日常的に密接に関わっている。特に、相談機関からは新規のサービス利用に関する相談などがあるため、福祉サービス事業所の担当者はその窓口となってスムーズな受け入れ体制を図る必要がある。
担当職員	相談機関の職員は、利用者が在宅でどのような経緯で生活困難な状況に至っているか、今後の生活改善に向けてどう展望しているのか、利用者の生活全般にわたって把握している。サービス利用開始後もその役割を活用し、新たに発生するさまざまな問題に協力して対応する関係にあるといえる。

《医療機関》

組織間の関係	医療機関に対しては職員レベルの連携だけでなく組織間の連携を意識的に行うことが重要である。それは、法人・事業所の責任者がよく理解しておくべきことで、施設長、管理者が医療機関とのよい関係づくりを担うものである。
関係する部署	利用者の状況によってさまざまな部署との関わりが発生する。医療機関によって医療相談室等の窓口となる部署や、MSW（メディカルソーシャルワーカー）が配置されている。どのような部署がどのような役割を担っているのかをよく理解しておきたい。

（著者作成）

地域のなかの連携・協働に必要な専門知識を学ぶ

1 地域アセスメントと地域支援について理解する

　地域アセスメントとは、利用者個人のアセスメントと同様に、利用者が暮らす地域（いわゆる小地域、中学校区という程度の広がりから、自治体全体を含む場合もある）のなかの住民の生活状況や社会資源、住民間の協働の状況など、利用者にとって密接に暮らしと関わる内容を調査し、地域全体の取り組みとしてアプローチすることである。

　「地域包括ケア」といわれるように、できる限り住み慣れた地域での暮らしを持続するためには、公的なサービス（介護保険サービス、福祉サービス等）だけでなくインフォーマルサービスが重要である。このインフォーマルサービスなどが地域にどの程度存在するのか、利用者のニーズを中心に可視化することも重要である。

　こうした、「地域支援」に携わるのは、「地域包括支援センター」「（障害者の）相談支援事業所」「社会福祉協議会」などに所属する社会福祉士や精神保健福祉士たちの役割である。

　ある利用者には特定のボランティアが求められるけれども、実際には地域のなかで活動しているボランティアが存在しない場合には、そうしたボランティアを募集するなど、「社会資源の開発」にも関わり、地域における活動を充実させる役割ももつ。

　そうした活動は、多くの地域住民や関係者を巻き込みながら協働で行うことが必要となる。援助者として、地域支援の方法論も学んでおきたい。

2 マップを作成して利用者と社会資源の状況を把握する

　まずは、地域全体の社会資源を調べながら利用者を囲む社会資源マップを具体的に作成してもらいたい（**図表7-7**）。モデルマップがさまざまな文献で紹介されているが、地域によって状況はまったく異なるため、実際にマップとして作成・使用する際には職員が実践している地域の実態に即したものとしていくことが必要である。また、自ら社会資源マップを作成する過程で地域が見えてくることも多い。

　利用者を中心に周辺の状況からリサーチしてみる。利用者の生活に関係する資源について大小を問わずリストアップする。

　リストアップされた項目を利用者の住まいを中心に、地図上に主な拠点があるところをマークしてみる。次に、利用者との関係、関係する社会資源と周辺の関係する機関との関係性がわかるように線でつないでみる。

　次に、「これだけの社会資源がある」と同時に、「こんな分野の資源がないね」というように利用者だけでなく、職員自身も生活に関わる自分の地域として関心を寄せることも大切である。

　社会資源マップから、資源が手薄で課題となることなどが表れてくると思う。最初は小地域といった見える範囲で作成してみながら、より広域に広げ、「利用者の生活課題」から「地域における社会資源の状況」を可視化していくことができればよい。

3 各分野で連携して社会資源等の情報を共有する

　職場にいる各専門職はおのおのの専門領域のなかで、地域の機関や社会資源について社会資源マップの作成を通して理解を深めると、次は職場内から地域へとそれら専門領域を置き換えて、社

会資源マップを共有しつつ、関係機関が分野を超えてどう関わり合っているのかを理解しておく必要がある。

　こうした地域支援には、認知症高齢者や障害者の見守り、家族介護者への支援、消費者被害防止、孤立化の予防、高齢者や障害者等虐待防止など、実際に利用者が抱える可能性のある課題に向けて、その解決への糸口となるものである。**図表7－8**は、地域ネットワーク化の考え方を示したものである。

●図表7－7　社会資源マップ（参考例）

（著者作成）

●図表7－8　地域ネットワーク化の考え方

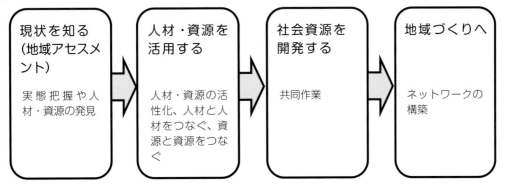

（著者作成）

チームアプローチと多職種連携・地域協働

以下の内容は、『福祉職員キャリアパス対応生涯研修課程テキスト』〔初任者編〕の第7章のポイントを抜粋したものです。

1 チームとは【初任者編・第7章第1節】

課題を達成するために、共通の目標をもった複数の人の集まりのこと。大小さまざまであり、法人・事業所や職場全体をチームとして見ることも、同一フロアで働くケアワーカー同士をチームとして見ることもできる。

2 チームアプローチの必要性【初任者編・第7章第1節】

福祉サービスは、利用者の生活を包括的に捉え、各専門職が専門性や経験を生かし、利用者の生活を支援するものである。各専門職が連携・協働することで、より適切な福祉サービスにつながっていく。

3 チームアプローチの効果【初任者編・第7章第1節】

■同一内容・水準のサービスを可能とする
■一貫性のある、継続的なサービスを可能とする
■多職種間で幅広い知識・技術、経験の共有ができる
■総合的な視点からのアセスメント、目標設定、優先順位の決定、介入、評価ができる
■チームで努力することによりケアの質の向上を図ることができる
■カンファレンスなどを通じた、学習の機会の創出とメンバーの技術の向上につながる
■記録の一体化などによる、事務作業等の効率化を図ることができる

4 伝え方のポイント【初任者編・第7章第3節】

■目的を明確に、内容を吟味して話す
■結論を先に、次に経過や意見を順序立てて話す
■事実とそれ以外のものを区別する
■発音とスピードに注意し、センテンスを短くする
■あいまいな言葉づかいや主語の省略は避ける
■専門用語を駆使せず、相手の理解度に合わせて話す
■確認しながら話す
■重要なポイントは繰り返すなど強調する

5 聞き方のポイント【初任者編・第7章第3節】

■話を聞きながらうなずく、あいづちを打つ
■枝葉末節にとらわれず話の全体を理解する
■途中で口を挟まず最後まで聞く
■復唱したり、確認したりしながら聞く
■メモを取る
■質問は最後にまとめてする

6 「ホウ・レン・ソウ」のチェックポイント【初任者編・第7章第3節】

報告	□指示された事項は必ず報告している
	□スピーディーに、タイミングよく報告している
	□報告は正確に、①結論②経過③私見、の順に述べている
	□悪いことも必ず報告している
	□時間のかかる仕事などは、中間報告をするようにしている
連絡	□関係者に漏れなく、迅速に伝えている
	□6W2Hに留意し簡潔に連絡している
	□優先順位に留意して連絡している
	□重要事項は文書で連絡している
相談	□疑問点は、上司・先輩職員、関係者に相談している
	□こじれる前に早めに相談している
	□相手の都合を考え適切なタイミングで相談している
	□考えや意見を事前に準備し、順序立てて相談している

（「福祉職員生涯研修」推進委員会編『福祉職員研修テキスト 基礎編』全国社会福祉協議会、2002年、73頁より一部改変）

7 地域福祉推進における法人・事業所の役割【初任者編・第7章第4節】

Ⅱ．社会に対する基本姿勢　行動指針5：地域における公益的な取り組みの推進	
対応する経営原則：公益性、開拓性、非営利性	
○長期ビジョン	○実践のポイント
・地域におけるさまざまな福祉課題、生活課題に主体的にかかわる ・多様な関係機関や個人との連携・協働を図る ・既存の制度では対応できない公益的な取り組みを推進する ・地域福祉計画にも積極的に参画する ・地域包括ケアの確立に取り組む	・実施している事業の確認 ・低所得者への配慮 ・困難事例への配慮 ・多様な社会福祉援助ニーズの把握 ・多様な主体との連携・協力 ・地域を包括する公益的取り組みの推進 ・地域を活性化する取り組み ・地域全体のサービスの充実に向けた取り組み ・福祉に対する理解の促進

（全国社会福祉法人経営者協議会「社会福祉法人アクションプラン2020」2016年より一部改変）

8 エコマップ例【初任者編・第7章第5節】

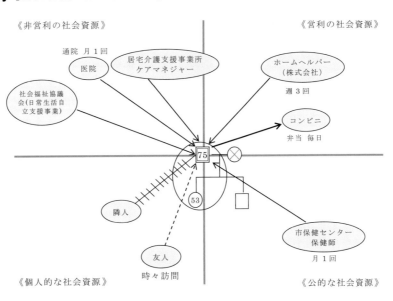

（全国社会福祉協議会「日常生活自立支援事業推進マニュアル」2008年より一部改変）

連携・協働の実践力をつける

　対人援助サービスを進めるうえで、さまざまな機関・団体、職種による連携や協働の必要性について、社会福祉士・精神保健福祉士だけでなく全ての職員が理解しておく必要がある。

ソーシャルワークの機能 ……………………………………………………… ミクロ・メゾ・マクロ

➡　第7章の第5節では「地域福祉」が課題となっているが、ミクロ・メゾ・マクロ[1]におけるソーシャルワークの機能が連なっていることを理解したい。

➡　そのことから、地域福祉の概念を整理し、将来的に地域福祉においても実践できるさらなるステップアップがあることを示唆しておきたい。

➡　利用者への援助業務は、経験を重ね役割が高度になるにつれて直接利用者に関わる業務だけでなく、より広くなっていく。職場内の業務から対外的な他の機関の職員との折衝や協働といった仕事に徐々に関わっていくのである。

➡　「知っている」から「実践できる」、そして「実践している」というプロセスをへて力量のアップを想定しているものであるが、第7章では自職種において確実に業務を実践していることを確認したい。

1）ミクロ・メゾ・マクロについては、第2章第1節を参照

　さらに次の段階を見ながら、職場内の連携・協働を進めるために、まず必要な専門知識を習得することを目指し、また、地域のなかの連携・協働のあり方を学びつつ、将来的にはそこでの実践力を具体的に身につけることとなる。

早期の生活支援 …………………………………………………………………… セーフティネット

➡　それでは、そうしたプロセスをへて目指すべき私たちの目標とはどこにあるのだろうか。福祉サービス全般で果たすべき役割として明確なのは、重層的なセーフティネットづくりによる早期の生活支援をきめ細かく進めていくことである。セーフティネットとして生活保護制度が位置づけられているが、生活保護に至る前の支援や低所得だけの問題ではなくあらゆる障害や加齢、そして家族全体の問題に起因する多くの背景が低所得によりさまざまな問題を引き起こしている。生活保護に至るまでの早期の支援は、多くの福祉サービスが重なり合って、重層的にセーフティネットの役割を果たすものと捉えられる。そのためには、各分野の役割と同時にこうした共通する視点をもちつつ協働していかなければならないものである。

➡　個人レベルのスキルから、職場組織全体の課題（法人・事業所単位）として、団体間の連携と協働についても今後ふれていくこととなる。

施設・事業所は一社会資源 …………………………………………………………… 包括的な支援

➡　自職場内で利用者支援を完結しようとするのではなく、地域にある社会資源の内容を理解し、利用者にとって必要な社会資源を見い出し、各専門職と非専門職と連携・協働することで、包括的な支援が可能となる。

組織運営管理

組織運営管理の理解促進と参画

第**8**章

目 標

◎中堅職員は組織の中核となることが期待されている。サービスの質を決定づける人的要因は、サービスの最前線で中心となって働く中堅職員の資質に依拠しているといえよう。事務管理部門にいる中堅職員には事務処理のエキスパートとして、管理者の補佐としての役割が期待されている。

◎組織運営管理の視点においても中堅職員は中核である。各担当する仕事に関係した規定・法令・社会常識はもとより、職場の人事管理・労務管理・予算管理の要素とその意味、さらには、法人・事業所をとりまく外部環境、内部環境と運営管理との関係等、職員として必要な運営管理上の基本的知識を理解し、その具体的展開にあたって職員の中心的な役割を担って参画することが望まれている。

◎そのうえで、この知識・スキルを日常の業務を通して初任者等に教育していく役割を担っている。そして、それらは次の、チームリーダーへと進むために必要な基本的事項となる。

◎第8章のねらいは、中堅職員がここにあげた組織運営管理に関する基本的な知識を習得し、職場の最前線で日々の業務の中心的役割を果たすことができるようになることである。

構 成

① 担当する仕事を規定する制度を守る
② 人事管理の基本的枠組みを理解し、職場の人事管理制度を理解する
③ 労務管理の基本的知識を習得し、職場の労務管理の意義を理解する
④ 適切な予算管理のもとで法人・事業所の事業が遂行されていることを学ぶ
⑤ 法人・事業所をとりまく環境と提供するサービスとの関連を理解する

☕ ＊ティータイム＊ ………………………………………… 青カビみかんと熟成りんご

1 担当する仕事を規定する制度を守る

1 日常業務に関係する法令の概要を知る

　福祉サービスなど社会保障に関係する仕事は、国の政策の基本となる公的な役割を担っている。そのシステムも社会保険によるものなど、財源の多くに公費が使われている。したがって福祉サービスは制度に定められた一定の条件のもとに提供されるものであり、組織全体で日常業務に関係する制度を遵守することが求められている。法の原則による契約の履行も同様である。福祉サービスに関わる仕事を担当する中堅職員は組織の中核的な役割を担っており、率先して関係する制度の遵守に取り組まなければならない。

　◉**福祉サービスに関する法**：最も基本となる社会福祉法をはじめとして、生活保護法、児童福祉法、母子及び父子並びに寡婦福祉法、老人福祉法、障害者総合支援法、身体障害者福祉法、知的障害者福祉法、精神保健及び精神障害者福祉に関する法律、介護保険法、認定こども園法などのサービスや理念に関する法律、さらに社会福祉士及び介護福祉士法、民生委員法、独立行政法人福祉医療機構法などの社会福祉関係法がある。また、福祉サービス提供に欠かせない医療・保健関係法、個人情報保護法、職員の就労に関連した労働関係法、施設の建物に関係した消防関係法など、福祉サービスには遵守すべき多くの法と、政令、省令、通達などがある。

　利用者数に対する職員数や施設の広さなどについて規定した福祉サービスに関わる最低基準や、介護保険などの報酬請求に条件づけられた人員数や有資格者の確保などに関わる指定基準等には、日常的に特に関心を向ける必要がある。

2 コンプライアンスの考え方を知る

　福祉サービスに従事する職員にとって、コンプライアンスの重要性を認識することは大切である。中堅職員として、次のような視点をもっておきたい。

■国民として、社会人として、社会生活上の最低限の法令、ルールを守る。
■日常的に福祉サービスに関わる仕事を担当しているなかで、自分の資格や仕事内容に関わりのある制度を守る。
■福祉サービスの対象となる人は、心身を病んでいる人、社会的に弱い立場にある人、自ら声を上げてサービスを求められない人などである。福祉サービスに従事する職員として、利用者の人権を尊重する職業上の倫理を守る。
■勤務する法人・事業所など組織の定めた理念・行動指針・規則等を守るとともに、各職場で決めたルールを守る。

　コンプライアンスとは、このように関係法令はもとより、社会人としてのルール、法人の理念や規則を遵守し社会的責任に応えることである（**図表8－1、図表8－2参照**）。

3 法人内のコンプライアンスのあり方を確認する

　法人には、法人内部の法令遵守責任者や担当組織が法人内の各部署のコンプライアンスをチェックする「内部管理体制」（一般的には「内部監査」）、外部の会計等の専門家が会計や財務状況を監査する「外部監査」、法人の監査機関である監事が法人の財産の状況や理事長以下理事の業務執行状況を監査する「監事監査」、の3つのチェック機能がある。また、各事業や各法人を所管する所轄庁が、法令に基づいて事業や法人の運営についてその適法性を指導監査する「行政指導監査」がある。

◎ **公益通報者保護法**：公益を目的に通報をしたことを理由に、通報者が解雇等の不利益を被らないように保護し、国民の生命・身体・財産等を守るために制定された。この具体的な方法として「職員等から法令違反行為等に関する相談または通報の適正な処理の仕組みを定めることにより、不正行為等の早期発見と是正を図る」ため公益通報窓口を設置することが求められている。職員として、そのような窓口のあることを知っておく必要がある。

● 図表8－1　福祉職場の職員をとりまく組織やルール

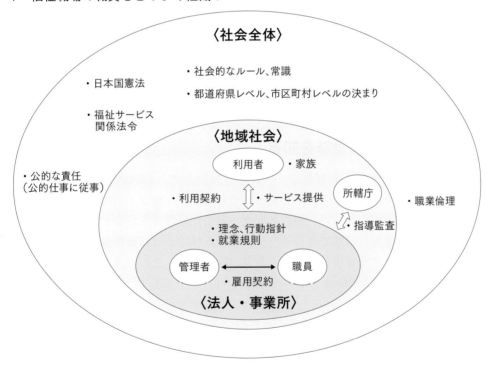

（著者作成）

● 図表8－2　コンプライアンスとは

> 関係法令はもとより、社会人としてのルール、法人の理念や規則を遵守し社会的責任に応えること
> ・国民として、社会人として社会生活上の最低限の法令、ルールを守る
> ・自分の資格や仕事内容に関わりのある制度を守る
> ・介護、福祉サービスに従事する職員として、利用者の人権を尊重する職業上の倫理を守る
> ・法人・事業所の定めた理念・行動指針・規則等を守るとともに、各職場で決めたルールを守る

（著者作成）

人事管理の基本的枠組みを理解し、職場の人事管理制度を理解する

1 職員にとって人事管理とは何かを理解する

職員にとって職場とは生活に必要な収入を得る場所であり、職業人としての成長や福祉サービスの仕事を通して新しい価値を獲得する場である。しかし一方、法人・事業所にとって職員一人ひとりは、組織としての成果を得るための人的資源のひとつであるといえる。このような組織目的達成に必要な労働力を確保し、その合理的な活用を図る管理活動を人事管理という。職員は職場の人事管理の基本的な知識を理解する必要がある。

● **職場における人事管理**：職員にとって人事管理とは職場の働く仲間の確保と職員としての働き方・育成・待遇に関わる目標や制度であり（**図表8−3**）、その内容を理解し組織の人材ニーズに応えられる人材となることが必要となる。さらに、その過程を通して組織が求めるキャリアステージとともに個人のキャリアビジョンを実現するものでもある。

● **職員個人にとってのキャリアデザイン**：仕事に対する自らの考え方や指向性を自覚し、それらに基づいて長期的な視点で意欲的に仕事に取り組めるようにすることである。内発的動機づけに裏づけられた明確な目標をもって仕事に取り組むことができれば、職員個人にとっても成果のある職業人生となろう。

2 人事管理の要素とその意味を知る

● **新福祉人材確保指針**：人事管理はまず人材を獲得することから始まる。現在、社会保障関係のニーズの増加により、多くの人材を必要としているが、今後少子高齢化が進むとさらに福祉人材の需要は高まる。しかし、この仕事の必要性・重要性は理解されながら、業務の大変さや低い待遇などに注目が集まり、現状でも福祉サービスの人材は十分に確保されているとはいえない。

このため国は「社会福祉事業に従事する者の確保を図るための措置に関する基本的な指針」いわゆる「新福祉人材確保指針」を告示している。

● **多様化する雇用形態**：人材を獲得する一般的な方法は、主として人材を外部から見つける「採用」である。採用によって労働力を調達し、組織に必要な人材需要を満たし、採用された職員は法人等事業主体の代表者と雇用契約を結ぶ。しかし近年、人材ニーズに応じた雇用形態やさまざまな外からの獲得方法が生まれている。

正職員のほかに、非正規職員（パートタイマー、アルバイト、嘱託）、派遣労働、請負労働、業務の外注・委託（アウトソーシング）、外国人労働者の導入などである。一方、内部の職員を育成、選抜、配置転換等により新しい仕事に配置するのも、内部から人材を獲得する方法である。

● **採用**：必要な人材の種類（職種等）・能力・資質・経験等を決め、必要人数を決める。その内容で募集を行う。求人方法は、一般公募、大学・養成校等への募集、福祉人材センターの活用、ホームページへの掲載など、さらに中途採用についてはハローワークや求人広告等の媒体がある。そして応募者を選考して採用の可否を決定するというプロセスである。

◉**人材育成・能力開発**：人材育成の目的
■利用者へのサービスの質の確保および向上
■職場における目的、機能を効果的に達成するために必要な人的資源（質的）の確保
■職員個々にとって、専門職として、組織の一員としての業務を遂行するうえで必要な知識や技術・技能を身につけ、よりよい職務遂行を可能とする
　職員は、職場の研修に意欲的に取り組むとともに、自らのキャリアビジョンをもち、計画的な自己啓発に取り組まなければならない。

◉**人事考課**：さまざまな人材マネジメントをより効果的に活用するためには、おのおのの人材を評価する必要がある。人事管理の適切な遂行に必要な、職員一人ひとりの人事情報を収集・整理し、決められた基準に基づいて評価することを、人事考課という。
　人事考課制度は、組織が求める職員への期待像を示して目標を決め、その基準や目標にしたがって、仕事の取り組み姿勢、仕事を遂行する能力、職員個々の仕事の成果等を公正に評価するものである。その評価結果は、人材育成と能力開発、公正な人事処遇（賃金処遇・地位処遇・適正配置等）を行うために必要な情報でもある。

◉**賃金制度**：賃金体系の中心は基本給であり、基本給の構成として「年功給」（属人給ともいう。年齢・勤続・学歴など属人的要素による給与）、「職能給」（職務遂行能力による給与）、「職務給」（職務の重要度・困難度・責任度などや職種による給与）等があり、賃金の形態としては「定額制」（時給、日給、週給、月給、年俸制）と「出来高払い制」がある。
　わが国の賃金構造の特徴は、個々の労働者の賃金が年々上昇する「年功給」にあった。年功給中心の賃金は、安定的な生活の保障、帰属意識を高め、労働者の定着を前提とした教育訓練、熟練者の育成等に寄与してきた。しかし、近年では成果や業績に依拠する賃金部分の拡大や年俸制の賃金などが導入されるようになってきた。

●図表8-3　人事管理の全体像

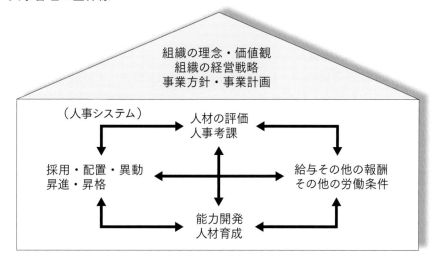

(社会福祉士養成講座編集委員会編『新・社会福祉士養成講座11　福祉サービスの組織と経営〈第5版〉』中央法規出版、2017年、179頁)

第8章

組織運営管理

3 労務管理の基本的知識を習得し、職場の労務管理の意義を理解する

1 職員にとって労務管理とは何かを理解する

労務管理とは、狭義には労使関係を中心とした労働条件を含む施策であると定義される。労務管理の主な視点としては、労働関係法令の遵守と就業規則の適切な運用を基本にした下記のような内容に関する管理である。労務管理は法人・事業所内の労働協約（労働組合と使用者の間の労働条件の合意書）や就業規則などによって規定されるが、特に基本的な法令遵守に視点をおく必要がある（**図表8-4参照**）。

●**職員にとっての労務管理**：福祉サービスに従事する職員はボランティア精神が旺盛であるため、ともすれば日常業務を雇用関係による就労であると考えにくい傾向がある。一方、経営管理者側も福祉サービスの精神性に重きを置き、使用者の負うべき責務を果たしていない例も見られる。契約に基づく職場での正しい就労、心身の健康管理、福利厚生、労働者としての権利確保など、使用者・労働者ともに労務管理のあり方や、その基本的内容を正しく理解する必要がある。

2 労務管理の要素とその意味を知る

●**労働契約と就業規則**：労働契約の締結時、使用者は職員に、賃金・労働時間その他の労働条件を明示しなければならない。労働契約には、期間の定めのない契約（無期契約）と期間の定めのある契約（有期契約：例外を除いて3年を超えてはならない）があり、通常この契約は労働者に周知している就業規則で定められている労働条件による。また、有期労働契約が繰り返し更新されて通算5年を超えたときは、労働者の申込みにより、期間の定めのない契約（無期契約）に転換することができる。

労働条件成立の効力順位は、法令、労働協約、就業規則、労働契約（職員一人ひとりの労働条件の定め）の順である。

●**労働時間、休憩、休日、休暇**：
■労働時間には、法定労働時間（原則1週40時間、1日8時間）と所定労働時間（就業規則等で定めたその職場の始業から終業時刻までをいう。ただし、休憩時間を除く）がある。夜勤等の交代勤務についても始業・終業時刻を明確にし、勤務表を明示することとされている。この労働時間とは使用者の指揮監督下にある時間である。

使用者は労働時間を適正に把握するため、基本となる始業・終業時刻をタイムカードなどにより確認、記録しなければならない。

所定労働時間を超えて労働させることを時間外労働、法定休日に労働させることを休日労働といい、時間外・休日労働をさせるためには、労使協定（３６協定）を結び所轄労働基準監督署長に届け出たうえで、一定の限度時間内を原則としなければならない。適切な業務配分のために変形労働時間制やフレックスタイム制を導入する法人・事業所も出てきている。
■休日は原則として毎週1回、または、4週間に4日以上を確保しなければならない。
■年次有給休暇は、法で定められた要件のもと法定の日数を付与される。

●**賃金**：賞与等も含め労働の対価として支払う全てのものをいう。賃金の支払いには、通貨払い、

全額払い等の原則が定められている。法定労働時間を超えて労働させた場合は割増賃金が支払われる。割増賃金は、時間数、時間帯等の条件により割り増しの比率が異なる。

●**女性の雇用管理**：福祉サービスは女性職員の多い職場であるという特性から、女性を保護する施策の充実が求められる。育児・介護休業法により3歳未満の子を養育する労働者（男女問わず）の勤務時間の短縮措置等が制度化されている。セクシュアルハラスメントや職場のいわゆるマタニティーハラスメントについても、これを許さない風土とシステムが求められる。

●**安全衛生・福利厚生**：使用者は労働者の安全に配慮する義務を負う。安全衛生管理体制を整備し健康管理や安全衛生教育等を実施しなければならない。福祉職員の最も多い退職理由は身体的精神的な病気によるものであることからも、職員の心身の健康管理は重要である。

　福祉サービスにおいては、通常の健康管理に加え、腰痛予防とメンタルヘルスが職員の健康管理上注目され、とりわけ、福祉職員の「燃え尽き症候群」が問題となっている。このため、「労働者の心の健康の増進のための指針」（メンタルヘルス指針）に従い、事業所における労働者のメンタルヘルスケアを行い、心理的な負担の程度を把握するための検査（ストレスチェック）及びその結果に基づく面接指導の実施が事業者に義務づけられている。

　また、職場のパワーハラスメントといわれる行為の中には、業務上合理的な理由のあるものもあることから、判断のむずかしさがあるが、「優越的関係を背景とした言動」「業務上必要かつ相当な範囲を越えたもの」「労働者の就業環境が害される」の3つを満たすものと規定されている。

●図表8－4　労使をとりまく法令の例

労働基準関係等
・労働基準法
・最低賃金法
・労働契約法

女性・育児・介護休業関係
・雇用の分野における男女の均等な機会及び待遇の確保等に関する法律（均等法）
・育児休業、介護休業等育児又は家族介護を行う労働者の福祉に関する法律（育介法）
・短時間労働者及び有期雇用労働者の雇用管理の改善等に関する法律（パートタイム・有期雇用労働法）

労働安全衛生関係
・労働安全衛生法
・労働安全衛生規則

職業安定関係
・職業安定法
・雇用対策法
・労働者派遣事業の適正な運営の確保及び派遣労働者の保護等に関する法律（派遣法）
・高年齢者等の雇用の安定等に関する法律（高齢法）

労働者　労働契約　使用者

労政・勤労者福祉関係
・労働時間等の設定の改善に関する特別措置法
・労働組合法
・労働関係調整法
・個別労働関係紛争の解決の促進に関する法律

社会保険・厚生年金・労働保険等関係
・健康保険法
・厚生年金保険法
・国民年金法
・労働者災害補償保険法
・雇用保険法

（（公社）全国労働基準関係団体連合会編『改訂増補2版やさしい職場の人事労務と安全衛生の基本』2017年、28頁より一部改変）

第8章

組織運営管理

適切な予算管理のもとで法人・事業所の事業が遂行されていることを学ぶ

1 事業計画と予算を知る

◉**事業計画と予算**：法人・事業所の事業実施に当たっては、組織の理念や方針のもとに事業を組織的・効率的に推進するため、長期・中期・年度または当該事業の実施期間など、各期間単位で定める事業の計画が必要である。これを事業計画という。事業計画を会計数値に置き換え、適正、かつ効率的にコントロールするために作成されるのが予算である。

◉**法人・事業所単位の事業年度・会計年度**：例えば社会福祉法人においては4月1日から翌年の3月末日と定められている。理事長は前年度末までに、各年度の法人・事業所ごとの事業計画および予算を作成し、理事会（定款の規定によっては評議員会も）の承認を得て次年度事業計画および予算が成立する。当年度はこれにそって事業を実施する。年度の途中で新たな事業計画や事業内容の変更が生じたときには、法人・事業所の運営に支障が出るようなことがないような軽微なものを除いて「年度途中で予算との乖離等が見込まれる場合は必要な収入および支出について補正予算を編成する」（社会福祉法人会計基準の運用上の留意事項）ことが義務づけられている。

日々の業務においても、また法人・事業所の新しい事業においても、望ましい発展のために事業計画と予算、さらに必要な場合は補正予算を作成し予算管理しながら、適切な事業実施と、必要な財源の確保を図っていかなければならない。中堅職員も法人・事業所の事業計画および予算に関心をもち、これにそった事業の流れや基本を知っておく必要がある。

◉**事業計画の戦略的意義**：組織や各事業の目的達成のため、持続的な競争優位を確保するために構造化された行動計画を戦略という。事業計画は、決められた事業を間違いなく実施するためだけではなく、戦略的意味をもっている。自分たちの組織が発展するためには、ニーズをいち早く察知し、他の組織のサービスとは違う優位性のあるサービスを実現することにより、利用者にとって価値の高いサービスを生むことができる。その結果、多くの利用者に選択されることとなる。利用が高まり収入が増えれば、さらに新たなニーズに応える事業を用意し、現在の事業をより質の高い事業に改善するための資金の確保、人材の確保、設備整備の確保等を実現することができる。

2 事業報告と決算を知る

社会福祉法人においては、法人・事業所について、会計年度終了後3カ月以内に、事業報告書、「資金収支計算書、事業活動計算書、貸借対照表」及びこれらの付属明細書並びに財産目録を作成することとされている。この手続きとして理事長は、各年度計画および予算に基づいて1年間事業を実施した結果、どのような事業を実施することができたのか、その実績報告とその決算を行うため、まず、監事に事業報告書および計算書類等を提出し監査を受ける。理事会の承認を受け、これらを法人の事務所に備え置かなければならない。その後定時評議員会の承認等を受け、それらの書類および監査結果に対する監事の意見書その他を、サービス利用者や利害関係者にインターネットにより公開することが求められている。

3 社会福祉法人における会計上の基本を知る

　社会福祉法人の会計の方法は会計基準として整理されている。これは、2000年度以降制度が変わり新しい事業が制度化されるたびに、「社会福祉法人会計基準」などのいくつかの会計ルールができて複雑になったことから、社会福祉法人の会計の一元化を目的としたものである。社会福祉事業、公益事業、収益事業全てを対象とし、外部への情報公開に資するものである。以下のような会計区分として、その区分ごとに資金収支計算書、事業活動計算書、貸借対照表を作成するよう規定している。

●図表8−5　会計区分とその例

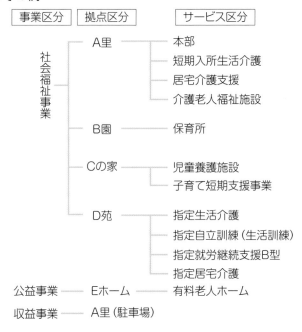

●図表8−6　拠点区分とその拠点で行う事業の例

拠点	各拠点で運営している事業
A里	介護保険法上の「介護老人福祉施設」であり、「短期入所生活介護」、「居宅介護支援」も実施。「居宅介護支援」は公益事業に該当するが、3つの事業は一体的に実施され、かつ「居宅介護支援」の占める割合はわずかであるため、3つの事業全てをA里の社会福祉事業に区分する。 　また、法人全体を管理する「本部」機能もA里にある。 　さらに、敷地の一部を有料月極駐車場として活用しているため、これを収益事業に区分する。
B園	「保育所」（「地域子育て支援拠点事業」もしくは「一時預かり事業」を実施している場合は、保育所と同一のサービス区分とすることができる）。
Cの家	「児童養護施設」。「子育て短期支援事業」も実施。
D苑	障害者総合支援法に基づく「指定生活介護」、「指定自立訓練（生活訓練）」および「指定就労継続支援B型」の事業を一体的に行う多機能型事業所。 　また、同一建物で「指定居宅介護」も行っている。
Eホーム	「有料老人ホーム」。公益事業に該当するため、事業区分を分ける。

（上記の2図表は厚生労働省「社会福祉法人の新会計基準について」2011年7月27日より一部改変）

法人・事業所をとりまく環境と 提供するサービスとの関連を理解する

1 外部環境及び内部環境と福祉サービスの関係を理解する

仕事をとりまく環境を大きく外部環境（ユーザー環境、社会・政治・経済環境、協力・連携環境、競合環境）と、内部環境（法人内部の組織、自事業所や事業単位）に分け、これらと私たちの福祉サービスとの関係について整理してみよう。（**図表8－7**）

2 外部環境（ユーザー環境）とサービスとの関係を理解する

◉**ユーザー環境**：私たちの仕事はまず、福祉ニーズを抱えた利用者がいることから始まる。ニーズには利用者個人の問題にはじまり、家族、親族、近隣、地域社会そして所属する市区町村と、さまざまな単位で考えていく必要がある。例えば、要介護の高齢者の場合、介護をする家族や親族、それを見守りなどにより支える近隣、地域の社会福祉協議会、行政単位の市区町村など、それぞれが持つ福祉ニーズである。これをユーザー環境（市場・準市場）という。私たちの組織はこれらのニーズに応えるために福祉サービスの使命や目標を明確にし、これを実現することを目的としている。

介護保険等においては、サービス提供者と利用者との間でニーズに応えるための契約を結ぶ。この契約に基づいてサービス提供する場面がサービス実践（福祉サービスの臨床）である。

3 外部環境（社会・政治・経済環境）とサービスとの関係を調べる

◉**社会・政治・経済環境**：福祉サービスは、国や地方自治体の社会保障政策として提供される公的なサービスで、制度・政策のひとつとして法令等により措置・委託・保険等の給付などを受ける。したがって、その内容は、社会的な変化や、国・地方自治体の行政・財政・政治、産業界の影響などの外部環境により大きな影響を受ける。

◉**人材不足の現状**：例えば、介護職員の採用は年々厳しさを増している。介護サービスのニーズはさらに増加傾向にあるが毎年の人材の供給は十分ではない。一方、社会的に介護職員の仕事が大変であるとの認識が広がり、学生が介護系の進学や就職を希望しても、親や教師が反対するといった風潮が見られる。そのためこれらの学校への進学希望者は減少している。そして、産業界全体の景気がいいとさらに介護サービス志望者が少なくなる傾向もある。このような社会・経済などの外的環境が人材の確保に大きく影響して人材不足となり、施設サービスの提供を制限せざるを得ない事例も見られる。このため、外国人労働者の導入が加速化している。

4 外部環境（協力・連携環境、競合環境）とサービスとの関係を調べる

◉**協力・連携環境**：外部環境のなかには、事業協力や連携がある。例えば、福祉サービス事業所と委託契約している医療事業者との連携のあり方は、サービスの質に大きく影響する。例えば、医療機関との連携が良好に進展し、24時間いつでも対応してくれる関係ができれば、利用者も家族も職員も安心できる。関連する他の福祉事業者との連携、地域へのサービス供給のネットワー

クのあり方なども同様である。特に地域福祉や地域包括ケアの視点から、サービス供給のあり方や人材のあり方が見直されている。

◉**競合環境**：一方、事業の競合もある。同じ事業をする同業者の存在も大きく影響する。地域のなかでこれらの事業者とのすみ分けをどのようにするのか、私たちの事業が利用者から選択されるサービスであるにはどうあるべきかを考えなければならない。すでに利用が見込まれなくなった事業の廃止や統合、事業転換の内容、その時期・方法等も考える必要が出てくる。

5 内部環境（法人内部・事業所内部）とサービスとの関係を分析する

　各事業所は、法人に所属している。法人という組織のもつ特性は、その法人内の各事業単位のサービスに影響する。例えば、不足する人材を法人内の他組織から緊急支援することができるなど、法人内の強い協力関係があるとか、関連する医療法人ではいつでも医療的な受け入れ態勢が整っているなどがその例である。

　事業組織の内部環境はサービスの供給量・質を決定づける。理念→使命→方針→目標→計画の各段階を進めていくためには、まず、組織としての理念・使命を明確にする必要がある。はじめに事業を開始する大きな動機があったが、時が経つにつれてそれがあいまいになっているとしたら、時代に合った理念・使命の再構築が必要になる。これを中核にして、組織の風土や仕組み、組織形態・命令系統がある。さらに、経営資源である人材、建物や資材などのハード、財源、情報等などがあり、これらが事業所の内部環境を形成している。これらを管理することにより、サービスの質の向上を図るのが経営管理である。

●図表8−7　社会福祉法人・事業所をめぐる内外の環境

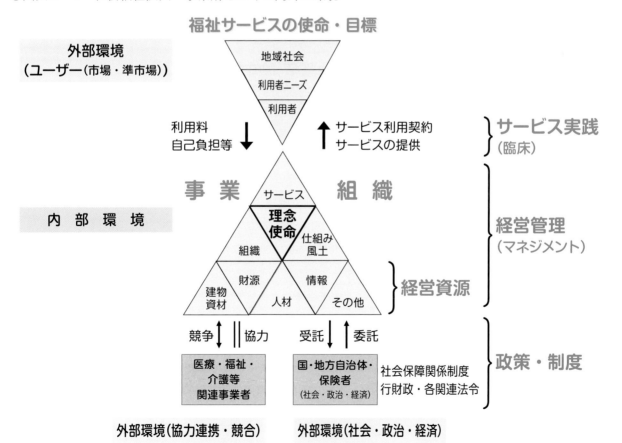

（宮田裕司編『社会福祉施設経営管理論2020』全国社会福祉協議会、2020年、59頁より一部改変）

組織運営管理

　　以下の内容は、『福祉職員キャリアパス対応生涯研修課程テキスト』〔初任者編〕の第8章のポイントを抜粋したものです。

1 組織とは【初任者編・第8章第1節】

■2人以上の人々の意識的に調整された活動や諸力の体系

2 集団とは【初任者編・第8章第1節】

■特定の目的を達成するために集まった複数の個人の集まり

3 組織の構造【初任者編・第8章第1節】

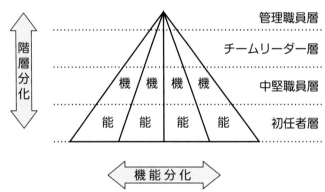

（「福祉職員生涯研修」推進委員会編『福祉職員研修テキスト 基礎編』全国社会福祉協議会、2002年、29頁より一部改変）

4 組織人としての基本的な意識と行動基準【初任者編・第8章第4節】

●利用者(顧客)意識	常に利用者(顧客)のニーズに目を向け、満足を提供する	
	・ニーズに対応したサービスの提供　・サービスの質の向上	
●責任意識	自分の担当業務は責任をもって確実に遂行する	
	・業務標準の習得と実践　・仕事の当事者意識の強化	
●規律意識	集団としての秩序の維持、正しい業務遂行と効果性の追求	
	・集団としての規範やルールの遵守　・現有資源の有効活用	
●協調意識	他者や他部門にも積極的に関心をもち、協力する	
	・チームワークの推進　・他部門との連携	
●効率意識	仕事の目的を明確化し、ムリ・ムダ・ムラをなくす	
	・定石(じょうせき)にかなった業務遂行　・計画に基づく効率的活動	
●原価意識	最小の費用で大きな効果を上げるための能率的な仕事	
	・時間効率を考えた作業標準　・共用管理標準の徹底	
●改善意識	創意と工夫により改善を考え、常に進歩を求める	
	・標準化基準の見直し　・状況に適合する標準設定	
●専門意識	福祉サービスの専門職としての健全な自信と使命の遂行	
	・たゆまぬ自己研鑽と能力開発　・職業倫理の遵守	

（「福祉職員生涯研修」推進委員会編『福祉職員研修テキスト 基礎編』全国社会福祉協議会、2002年、27頁）

5 利用者に対する倫理的責任【初任者編・第8章第2節】

自己決定	利用者の自己決定を尊重し、増進するように支援する
インフォームド・コンセント	理解しやすい言葉を用いてサービスの目的、危険、限界、費用、合理的な代替方法等を説明し、利用者の同意によるサービス提供を行う
適任性	職員は自分の資格、受けた教育等による専門職経験の範囲内においてサービス提供を行うことを原則とする
多様性の理解	あらゆる文化とその機能を理解し、人種、民族、国籍、宗教等の社会的多様性を理解するよう努める
利益対立の回避	利用者との利益の対立を避け、職員の個人的利益のために不当に専門職関係を利用したり、利用者から搾取したりしない
プライバシーと秘密保持	利用者のプライバシーに対する権利を尊重する。必要なもの以外の個人情報は問わない。サービス提供上得られた全ての情報の秘密性を保持する。個人情報の第三者への開示には事前に利用者の同意を得る。プライバシーが確保されない限り、どんな場所でも個人情報について話し合うことはしない。文書、コンピューターによる記録、画像等の秘密を保持し、保管する
記録の閲覧	利用者が自分の記録を見たいという合理的な理由があるときは、重大な誤解や害になると判断される場合以外、原則として開示する
品位を傷つける言葉・行為	品位や名誉を傷つける言葉・行為を実行しない
サービスに対する支払い	合理的なサービスに見合う料金の支払い以外に、金品や労力を受けとらない
利用者の不当な要求	利用者が正当な理由のない権利の濫用や不当な要求をしてきた場合、安易な妥協をしない

(著者作成)

6 労働契約と就業規則【初任者編・第8章第3節】

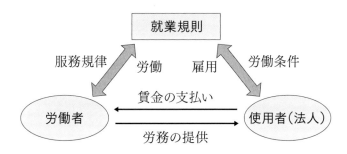

(著者作成)

7 就業規則に記載する事項【初任者編・第8章第3節】

必ず記載しなければならない事項 （絶対的必要記載事項） 労基法第89① 1〜3号	労働時間等	始業と終業の時刻
		休憩時間
		休　日
		休　暇
		交替制勤務の場合の就業時転換に関する事項
	賃金	賃金（臨時の賃金等を除く）の決定の方法
		〃　　〃　　計算の方法
		〃　　〃　　支払の方法
		〃　　〃　　締切りの時期
		〃　　〃　　支払の時期
		〃　　〃　　昇給に関する事項
	退職・解雇	退職に関する事項
		解雇の事由に関する事項
定めをした場合は必ず記載しなければならない事項 （相対的必要記載事項） 労基法第89① 3号の2〜10号	退職手当	適用される労働者の範囲
		退職手当の決定の方法
		〃　　計算の方法
		〃　　支払の方法
		〃　　支払の時期
	臨時の賃金等（退職手当を除く）に関する事項	
	最低賃金額に関する事項	
	食費、作業用品その他の負担に関する事項	
	安全、衛生に関する事項	
	職業訓練に関する事項	
	災害補償、業務外の傷病扶助に関する事項	
	表彰、制裁の種類と程度に関する事項	
	その他の全員に適用される事項	

（（公社）全国労働基準関係団体連合会編『改訂増補2版やさしい職場の人事労務と安全衛生の基本』2017年、31頁）

青カビみかんと熟成りんご

　みかんを箱に入れたまま忘れて放置してしまうと、しばらくして青カビに包まれたみかんを発見することになる。こうなったら、もういけない。青カビみかんを取り除かなければ、箱全体のみかんは次々と青カビにやられてしまう。

　一方、まだ甘みの少ない未熟なキウイフルーツなどをほどよく熟成させるには、熟成りんごの箱の中に入れてやるとよい。適切な期間をへて、ほどよい甘さと柔らかさのキウイフルーツになる。

➡ 　中堅職員は職員集団のなかで影響力が強い。本来「中堅」には「主将の統率に直属する中軍」の意味があり、「全軍の精鋭が集まる」中軍を意味している。その組織全体の力量を示すものであり、中堅のレベルが高ければその組織全体の力も強い。バランスよく成長して後輩にいい影響力を及ぼしながら、さらに自らも成長する意欲をもち続け、組織全体を中間で押し上げているような中堅職員がいるところは組織全体に活気があり、利用者から見て信頼できる法人・事業所となることができる。後輩も順調に育つ。熟成りんごのような中堅職員が組織風土によい影響力を発揮する組織は、よい成果をあげ発展することができるであろう。

➡ 　しかしなかには、長く職場にいることで緊張感が落ち、楽をして日々の業務をただこなしているような中堅職員も生まれる。それらの職員は一般的に改善・改革に熱心ではなく、反対にそのような前向きの動きを妨げるような影響力を行使する例もある。

➡ 　そして最も問題なのは、自分に生えた青カビが自分からは見えなくなっていることだ。青カビみかんのような中堅職員がいると、知らず知らずのうちにそれによる強い影響を受けた組織は、いずれ青カビに覆われていく可能性がある。

➡ 　もちろん、熟成りんごもケアせずに放置を続ければ、腐ったりんごになることは免れないのだが。

参 考 文 献

● 「福祉職員生涯研修」推進委員会編『福祉職員研修テキスト 基礎編・指導編・管理編』全国社会福祉協議会、2002年

● 浦野正男編『社会福祉施設経営管理論』全国社会福祉協議会、2017年

● 産業・組織心理学会編『産業・組織心理学ハンドブック』丸善、2009年

● 金井壽宏『働くひとのためのキャリア・デザイン』PHP研究所、2002年

● 二村英幸『個と組織を生かすキャリア発達の心理学』金子書房、2009年

● E.H.シャイン、二村敏子・三善勝代訳『キャリア・ダイナミクス』白桃書房、1991年

● 古川久敬『チームマネジメント』日本経済新聞社、2004年

● 津田耕一『福祉職員研修ハンドブック』ミネルヴァ書房、2011年

● 川端大二『プラス志向のマネジメント』日経連出版部、1998年

● エイデル研究所福祉経営支援部編『福祉職場の人材マネジメント』エイデル研究所、2009年

● F.P.バイステック著 尾崎新、福田俊子、原田和幸訳『ケースワークの原則［新訳改訂版］援助関係を形成する技法』誠心書房、2006年

● 宮崎民雄監修『改訂 福祉の「職場研修」マニュアル』全国社会福祉協議会、2016年

● 宮崎民雄『福祉職場のOJTとリーダーシップ（改訂版）』エイデル研究所、2009年

● 山田雄一『研修指導論』産業労働調査所、1987年

● P.F.ドラッカー、上田惇生訳『非営利組織の経営』ダイヤモンド社、2007年

● P.F.ドラッカー、上田惇生訳『マネジメント【エッセンシャル版】』ダイヤモンド社、2001年

● 柴山盛生、遠山紘司『問題解決の進め方』NHK出版、2012年

● 高橋誠『問題解決手法の知識〈第2版〉』日経文庫、日本経済新聞社、1999年

● 川喜田二郎『発想法』中公文庫、中央公論社、1967年

● 川喜田二郎『続・発想法』中公文庫、中央公論社、1970年

● 福山和女『ソーシャルワークのスーパービジョン』ミネルヴァ書房、2005年

● 伊丹敬之、加護野忠男『ゼミナール経営学入門』日本経済新聞社、2003年

● トム・ピーターズ、ロバート・ウォーターマン、大前研一訳『エクセレント・カンパニー』英治出版、2003年

● ピーター・M・センゲ、守部信之他訳『最強組織の法則－新時代のチームワークとは何か』徳間書店、1995年

● 阿部志郎、河幹夫『人と社会－福祉の心と哲学の丘』中央法規出版、2008年

● 岡田進一『介護関係者のためのチームアプローチ』ワールドプランニング、2008年

● 埼玉県立大学編『IPWを学ぶ－利用者中心の保健医療福祉連携』中央法規出版、2009年

● 日本社会福祉士会、日本医療社会事業協会『保健医療ソーシャルワーク実践2改訂』中央法規出版、2009年

● 篠田道子『多職種連携を高める チームマネジメントの知識とスキル』医学書院、2011年

● 石川和幸『チームマネジメント成功のしかけ』中経出版、2009年

● 堀公俊『チーム・ファシリテーション』朝日新聞出版、2010年

● 全国労働基準関係団体連合会編『改訂増補2版 やさしい職場の人事労務と安全衛生の基本』全国労働基準関係団体連合会、2017年

● 本田親彦監修『新社会福祉法人会計基準 詳解』全国社会福祉協議会、2012年

● 京極高宣『福祉法人の経営戦略』中央法規出版、2017年

福祉職員
キャリアパス対応生涯研修課程
中堅職員コース
事前学習およびプロフィールシート

● すでにお申し込みいただいております「福祉職員キャリアパス対応生涯研修課程」中堅職員コースの受講にあたって、研修機会を有効に活用し、研修成果を高めるために、次頁以降の「事前学習およびプロフィールシート」にお取り組みください。

● 本シートへの取り組みは、研修受講の必須条件となります。本シートの内容は、面接授業の際の課題研究（ワークショップ）の素材として活用します。テキストを参照しながら記述してください。

● 職場の上司にコメントを記述していただいたうえで、コピーを8部とり、研修会当日持参し、2部を受付時にご提出ください。6部はワークショップで活用します。

受講番号	
氏　　名	

I テキストの事前学習シート

| 氏 名 | |

課題　研修テキスト「福祉職員キャリアパス対応生涯研修課程　中堅職員編」を熟読し、第1章〜第8章までの内容について、あなたが重要と感じたポイントをそれぞれ2項目ずつ要約し、サービス実践やチーム活動においてどのように生かすかを記述してください（主な該当頁があれば記入してください）。

章	頁	重要と感じたポイント（内容の要約）	活用の視点（どのように活用するか）
第1章			
第2章			
第3章			
第4章			
第5章			
第6章			
第7章			
第8章			

II 自己のプロフィールシート

所属・氏名	

下記の点について、お答えください（記入できる部分で差し支えありません）

---

1. 現在の職場の概要と職務内容（法人や事業所の概要・理念やサービス目標・職員数・現在の立場等）

〈本研修への参加について〉
□①法人・事業所の上司等からの指示で参加（職務命令）
□②法人・事業所の上司等からの推薦で参加（任意参加）
□③自己研鑽の一環として自ら進んで参加（経費等の支援を受けて）
□④自己研鑽の一環として自ら進んで参加（経費等は自己負担）
□⑤その他（　　　　　　　　　　　　　　　　　　　　　　　　　　）

---

2. 福祉の仕事に就職した思い・きっかけ・理由

---

3. これまでの経験のなかで感じたこと（特に印象に残っている出来事）

①よかった出来事（遭遇）	②困った出来事（遭遇）

4. 目指したい職業人としての自己イメージ4つの問い（テキスト第1章参照）	
①できることは何か（能力・持ち味）	②やりたいことは何か（欲求・動機）
③意味を感じることは何か（志・価値観）	④どのような関係をつくり、生かしたいか（関係性）

5. 福祉職員として大切にしたいこと・目指したいこと	
①利用者や家族に対して	②組織やチームの一員として
③地域や関係機関との関わりについて	④自身の能力開発や資格取得について

Ⅲ　上司コメント （上記の内容をお読みいただき、下記の欄にコメントをお願いいたします。）

●本人の持ち味、本人への期待について		
本人の持ち味（プラス面、強み）について	本人への期待について	
コメント	所属：	
	役職：	氏名：

私のキャリアデザインシート（挑戦目標とアクションプラン）

所属 _____ 氏名 _____ 作成日　年　　月　　日

---

1. この研修で学んだこと、気づいたこと（箇条書きで記述する）

---

2. 目指したい職業人としての自己イメージ（4つの問い）

①できることは何か（持ち味・能力）	②やりたいことは何か（動機・欲求）
③意味を感じることは何か（志・価値観）	④どのような関係をつくり、生かしたいか（関係性）

---

3. 私のキャリアメッセージ（いまの気持ち、これからの私）

4．私のキャリアビジョン（5年後、10年後、さらに中長期の視点での職業人生経路の到達イメージ）

①利用者や家族との関わりについて

②組織やチームの一員として

③地域や関係機関との関わりについて

④自身の能力開発や資格取得について

5．当面の重点目標とアクションプラン（1年から3年をめどに2～3項目設定する）

①重点目標（具体的に、明確に）	②アクションプラン （どのレベルまで、いつまでに、どのように等）

6．上司からのアドバイスコメント（1から5の報告を受け、コメント・励まし、支援等を自由にご記入ください）

上司 コメント	所属：	役職：
	氏名：	記入日：

福祉職員
キャリアパス対応生涯研修課程
中堅職員コース
事前学習およびプロフィールシート

● すでにお申し込みいただいております「福祉職員キャリアパス対応生涯研修課程」中堅職員コースの受講にあたって、研修機会を有効に活用し、研修成果を高めるために、次頁以降の「事前学習およびプロフィールシート」にお取り組みください。

● 本シートへの取り組みは、研修受講の必須条件となります。本シートの内容は、面接授業の際の課題研究（ワークショップ）の素材として活用します。テキストを参照しながら記述してください。

● 職場の上司にコメントを記述していただいたうえで、コピーを8部とり、研修会当日持参し、2部を受付時にご提出ください。6部はワークショップで活用します。

受講番号	
氏　名	

※両面コピーする場合は、p.1（シート表紙）の裏にp.3（Ⅰテキストの事前学習シート）がくるようにしてください。

---

4. 目指したい職業人としての自己イメージ 4つの問い（テキスト第1章参照）

①できることは何か（能力・持ち味）	②やりたいことは何か（欲求・動機）
③意味を感じることは何か（志・価値観）	④どのような関係をつくり、生かしたいか（関係性）

5. 福祉職員として大切にしたいこと・目指したいこと

①利用者や家族に対して	②組織やチームの一員として
③地域や関係機関との関わりについて	④自身の能力開発や資格取得について

Ⅲ 上司コメント （上記の内容をお読みいただき、下記の欄にコメントをお願いいたします。）

●本人の持ち味、本人への期待について

本人の持ち味（プラス面、強み）について	本人への期待について

コメント	所属：
	役職：　　　　　　氏名：

I テキストの事前学習シート　　氏　名

課題　研修テキスト「福祉職員キャリアパス対応生涯研修課程 中堅職員編」を熟読し、第1章～第8章までの内容について、あなたが重要と感じたポイントをそれぞれ2項目ずつ要約し、サービス実践やチーム活動においてどのように生かすかを記述してください（主な該当項目があれば記入してください）。

章	頁	重要と感じたポイント（内容の要約）	活用の視点（どのように活用するか）
第1章			
第2章			
第3章			
第4章			
第5章			
第6章			
第7章			
第8章			

II 自己のプロフィールシート　　所属・氏名

下記の点について、お答えください（記入できる部分で差し支えありません）。

1. 現在の職場の概要と職務内容（法人や事業所の概要・理念やサービス目標・職員数・現在の立場等）

〈本研修への参加について〉
□①法人・事業所の上司等からの指示で参加（職務命令）
□②法人・事業所の上司等からの推薦で参加（任意参加）
□③自己研鑽の一環として自ら進んで参加（経費等の支援を受けて）
□④自己研鑽の一環として自ら進んで参加（経費等は自己負担）
□⑤その他（　　　　　　）

2. 福祉の仕事に就職した思い・きっかけ・理由

3. これまでの経験のなかで感じたこと（特に印象に残っている出来事）

①よかった出来事（遭遇）　　　　　　②困った出来事（遭遇）

福祉職員キャリアパス対応生涯研修課程
テキスト編集委員会 委員名簿

氏 名	所 属 等	担 当 章
○宮崎　民雄	特定非営利活動法人福祉経営ネットワーク 代表理事	第1章、第4章
岸田　宏司	和洋女子大学 学長	第2章
久田　則夫	日本女子大学 教授	第3章
村井　美紀	東京国際大学 准教授	第4章
◎田島　誠一	特定非営利活動法人東京YWCAヒューマンサービスサポートセンター 理事長	第5章
村岡　裕	社会福祉法人佛子園 専務理事	第6章
津田　耕一	関西福祉科学大学 教授	第7章
武居　敏	社会福祉法人松渓会 理事長	第8章

委員長＝◎、副委員長＝○　　　　　　　　　　　　　（所属・役職は2021年4月現在）

事務局

社会福祉法人全国社会福祉協議会　中央福祉学院
〒240-0197　神奈川県三浦郡葉山町上山口1560－44
電話　046－858－1355

［改訂2版］
福祉職員キャリアパス対応生涯研修課程テキスト
中堅職員編

発行 ……………… 2013年7月29日　初版第1刷
　　　　　　　　　2018年2月20日　改訂第1版第1刷
　　　　　　　　　2021年6月1日　改訂第2版第1刷
　　　　　　　　　2023年6月30日　改訂第2版第2刷

編集 ……………… 福祉職員キャリアパス対応生涯研修課程テキスト編集委員会

発行者 …………… 笹尾　勝

発行所 …………… 社会福祉法人 全国社会福祉協議会

　　　　　　　　　〒100−8980　東京都千代田区霞が関3−3−2　新霞が関ビル

　　　　　　　　　電話　03-3581-9511　　振替　00160-5-38440

定価 ……………… 定価1,210円（本体1,100円＋税10%）

印刷所 …………… 日経印刷株式会社

ISBN978-4-7935-1370-1 C0336 ¥1100E
禁複製